関東人と関西人

二つの歴史、二つの文化

樋口清之

PHP文庫

○本表紙図柄＝ロゼッタ・ストーン（大英博物館蔵）
○本表紙デザイン＋紋章＝上田晃郷

はじめに

「日本人とは何か」ということを知りたい、というのは私の永年の悲願に似た思いであった。そのため公けにした著書論文から随想まで、その数は相当多くなった。これは、日本人の中にも、また外国人の中にも、日本人のほんとうの姿が随分誤解されたり、偏って捉えられたりしているのと同時に、全然こんな問題に関心を持たない日本人の多いことに気づいたときからはじまった。それは、恩師の故鳥居龍蔵博士の激励もあって、戦前からカードを取ったり、これに関係ある文献資料や各種の事実をあさることを重ねて今日まで来た。しかし、一ぱしのことを話したり、書いたりしていながら、今なお私自身にはわからないことだらけで、困っているのが実状だ。

その中で、本書は、日本人の内なる特色の対比を仮に関東人と関西人の問題にしぼってまとめたものである。東北人と九州人というような対比も可能だろうが、それよりも歴史的に、日本の二つの文化と政治の中心として存在し、上方《かみがた》と江戸の名でよばれたものが、今でもなお尾をひいて日本人の中に生きつづけている。言葉や生活様式は、情報革命や近代機構の社会の中で、次第に一つになりつつあるように見えて、なお嗜好や心情に違いがあり、生活慣行にも抜き難い差が残っていることは事実である。それが、どんなに異なり、なぜ異なり、今の私らにどんな意味があるかを考えてみたかったのである。それを一般に読んでいただける形のものにしてみたいとはかねて考えていた。

しかし、身辺雑事に追われている上に視力が衰えて、今更書き下してみる機会がなくなって来た。そこで、ここにお断りしておかなければならないのは、本書の5章までは、かつて私が方々で講演したものの速記録をこんな形に編成したものである。これは、巻末にあげた宮本又次先生はじめ諸先生方の数々のすぐれた業績から得たり、参照したものに、私のかつて発表したものや、考えを加えて整理して述べたものである。その一々の個所に参照文献をあげられなかったのはまことに申し訳ないことだとおわび申し上げなければならない。また6章以下は、私の旧稿を多少修正するだけで、ここに入れなければならなかった。これを基本的に書き直す程度にまだ私の勉強が進んでいないのと、体力がそれを許さなかったからである。この点もおわび申し上げなければならないと思っている。しかし、これらは、必ず不日機会を得て、こんな読み物としてではなく、研究書として改訂して発表したいと思っている。

本書が、今回成ったのは、全く右のごとき先生の学恩のおかげと、ホーチキ出版の各位の非常な御力添えの賜であって、感謝の気持と無力を恥じる気持で一杯である。幸いにして事情を御了察下さって思い誤りや不十分な点を御教示願えればまことに有難いと思う。

昭和五十一年五月

樋口清之

関東人と関西人

目次

第2章

大江戸が生んだ江戸っ子気質

第3章　互いに相容れぬ江戸と上方

第4章　食べ物に見る東と西の相違

第5章

東西の美と感性と日常感覚

第6章

地域性と県民性そして日本の独自性

第7章　現代における東京人と大阪人

第8章　東西各県人の性格と特徴

本文デザイン◎印牧真和
本文イラスト◎あべゆきえ

第1章 歴史が日本の東西をつくりあげた

▽▽▽世界最古の土器文化を築いた関東人の祖

「京の着倒れ」「江戸のはき倒れ」「大阪の食い倒れ」「大和の建て倒れ」という言葉から連想されるのは、同じ日本人でありながら、出身地の風土と歴史が、一人の人間を性格づけているということである。「がめつい」「かかあ天下」「べらんめえ」「いごっそう」といえば、ああ、あの地方の者のことだ、とすぐに思い当たる。「伊勢乞食《こじき》」「越中《えっちゅう》強盗」「越前《えちぜん》詐欺《さぎ》」などといった土地の名をズバリつけたひどい呼称もある。詐欺や強盗とは、いささか乱暴だが、これももとは「しっかり者」ぐらいのことが、他人にむざむざだまされるような目にあわないことから、次第に強い表現になっていったのかもしれない。

新幹線やジェット機、あるいはテレビなどの発達によって、距離と時間はいちじるしく短縮され、情報の氾濫は地方の個性を失わせ、画一化の方向に進みつつあるように見受けられる。しかし、そのように進む力があっても、受け入れる器によっては消化の仕方が異なり、はっきりとした地域特性が明瞭になる。所変われば品も変わるし、人も変わる。

関東育ちの者が大阪に転勤して一ヵ月もすれば、「ああ納豆が食いたい、醬油のきいたそばを食べたい」とため息をつくにちがいない。

また、大阪の者にいわせれば、「東京のうどんの汁ってなんやねん。鉢の底が見えへんがな、国会での政治献金の討論みたいや」となる。

そのようなことは、西と東の育ちの者がいっしょになった夫婦には、日常のこととして起こっていることであろう。

これらの性格のぬきさしならない違いを知ることは、とりもなおさず〝日本人とは何か〟を考えてみることにほかならない。

人間というものは、長い間ある地域に定住していると、その地域の自然的条件に順応する体質や性格をもつようになる。それが何代も繰り返されるうちに、やがて、地域的特質は遺伝因子となって伝えられ、一つの〝地方性〟を形成する。そのうえ、人間の交流が限定されてくると、これらの特性は、いっそう強くなる。

国道17号線、かつての中山道《なかせんどう》を、川口、蕨《わらび》、大宮、上尾《あげお》と、ごみごみした家並みとドライブイン、そしてガソリン・スタンドの多い道を走ると、延々と続くほこりっぽい、平坦な道にいいかげんうんざりするはずだ。時折り、武蔵野のおもかげをしのばせる雑木林が点在して、わずかのなぐさめを与えてはくれるものの、索漠とした思いが強い。

熊谷《くまがや》を過ぎたあたりから、ようやく山地が見えてくる。赤城、妙義、榛名《はるな》の上州《じょうしゅう》三山だ。ごつごつした、強引にひきちぎったような荒々しい山容である。空っ風の吹きすさぶ上州の荒々しいやせた土地を象徴するような、猛々しさが思われてくる。

地質学上、関東の山々は若い。富士、浅間、白根《しらね》、那須などはいずれも火山であり、その火山灰は赤土の「関東ローム層」を形成してきた。周辺に屏風《びようぶ》のような山をはりめぐらし、荒れる坂東太郎（利根川）と鬼怒《きぬ》川が作った低湿地、そこに最初、旧石器文化をひらいた旧石器人が住みつき、やがて世界最古の土器、縄文式土器の華をひらくことになる。彼らはのちに「国栖《くず》」「毛人《けびと》」「蝦夷《えぞ》」とよばれるようになって、それぞれの村落を形成するが、その末裔《まつえい》が関東人となっていくのである。

一方、京都に降りて、それが鷹ヶ峰であれ、大原でもよい、どこにでも車をはし

京都タワーから眺める京都の山なみ

らせれば、茶碗を伏せたような、丸っこい緑の山が、いかにもおだやかに継起しているのが目につくはずだ。

「ふとん着て寝たる姿や東山」の句は、京都の山々の象徴なのだということがわかってくる。奈良の若草山などもそうであるが、これらは老齢期に入った山で、風化や分解によって丸っこいやわらかな山容になったのである。

このように、暮らしている現場での自然の条件、視覚からうけた地形の印象が、人間の性格を形成してくるのはごく自然のこととして受け入れられるであろう。

外見はおだやかだが芯の強い京都人や、向こう気が強く荒っぽいが、強引さはなくて尻すぼみに終りやすい群馬人の性格は、このような自然の条件を、ぬきにしては考えることができない。

いかに人間の感性を風土、自然が支配しているか、ということを最初に考えねばならない。

▽▽▽伊勢湾地帯構造線の意味するもの

日本の風土は、大きくいって二つの気象帯に分けられる。西半分は広葉樹林帯、東半分は針葉樹林帯で、広葉樹林帯は、今は照葉樹林帯といわれているが、南アジアの文化が入った地域といわれている。松や杉などのとがった葉の樹林帯は中国東北部、シベリアからの文化が流れてきた地域と考えられる。

縄文式土器は石器時代の土器であるが、これは針葉樹林帯の文化として、東北を中心に西へのびてきたものである。弥生式文化は、広葉樹林帯、あるいは照葉樹林帯文化として、農耕を伴って西から入ってきた。

その二つの交錯する地域、そこを私は伊勢湾地帯構造線と昔からいっている。その自然的地形の地帯構造線と人文現象の交錯線が大体において中部日本で重なっていることは認めてよいことだと思う。

地質学上では新潟県の西辺、糸魚《いとい》川を河口とする姫川、長野県中央部諏訪湖の南釜無《かまなし》川、そして富士川を結ぶ線——糸魚川・大町・塩尻・岡谷・静岡——を「フォッサ・マグナ」(Fossa Magna)(大地溝帯)とよんでいる。

これは、日本列島に生息していた旧象ナウマン象の発見者として知られるエドマンド・ナウマンが明治十八年に発表したもので、それによると、日本列島はもともと一つの弧状山脈をなしていたが、のちに中央に大地溝帯ないしは大陥没地帯を生むことによって東西二つの日本に分けられることになったという。したがって、当然のことだが、東日本と西日本の生産様式に違いが生じてくる。針葉樹林帯生産と照葉樹林帯生産の差異は社会構造や生活様式に変化をもたらし、東西両地域の歴史の様式に大きな影響を与えているといえる。

▽▽▽「東馬」が「西船」を破った源平の戦い

一例として承平、天慶の乱（九三五〜九四〇年）をあげてみよう。この乱については、藤原純友《すみとも》とか平将門《まさかど》という勇者が反乱を起こしたというだけでは文学的でしかない。純友、将門ならずとも、あの時期は反乱が起こるべきときであった。

日本の気温は、六百年単位で寒波がくると考えられていて、天明三年（一七八三年）から六年までは日本の寒冷期の極限であったが、そのちょうど六百年前が平安時代の中期にあたることになる。つまり、天明の寒冷期と同じような冷害が平安のその頃にあって、東日本も西日本も生産が極端に低下する。

ついでにいえば、重ね着文化——十二単衣《ひとえ》という過剰装飾の衣服はこの頃からできるわけであるが、それも寒冷化のせいである。道長の『御堂関白日記』によると、当時の人口の五十四パーセントが結核で死んでおり、その原因は寒さからの風邪によるものと考えられる。彼の四十年の日記では、その半分以上彼自身が風邪をひいているのである。

さて、東日本では牧草が枯れて、当時の税である馬を出すことができない。それを朝廷が無理に徴発するから陸奥の安倍氏、出羽の清原氏が反乱を起こす。他方、源氏の関東では騎馬を持って生活をしている人々がいて、これが東北の馬を欲しがる。そこで朝廷の命令を受けて、先頭に立って遠征し、馬を奪ってくる。これが東日本における寒冷期の事件で、その発端が平将門による天慶の乱である。

将門は関八州《かんはつしゅう》の零細農民の苦境を助けるため、いろいろな救済手段を打っている。今の野田市の北にあたる地で、農民たちに開墾をやらせ、水利を計って水を引いていることもそのひとつである。

しかし、気温が下がっているため、水を引いても冷たく、効果はあがらない。こうして生産力がダウンしているときに、叔父の国司が悪政を行なうので、そこで平国香《くにか》を攻め、これが承平の乱となって行く。

西では藤原純友が瀬戸内海の海賊勢力と結んで付近を横行した。彼らは、米を運ぶために内海を通行する船を襲っていたが、運ぶ米がなくなれば、他の物品を奪わざるを得なくなる。中央政府の目が行き届かなくなると、彼らの力は内海周辺の伊予国、安芸国、豊後《ぶんご》国まで及んだ。

以上が、承平、天慶の乱とよばれるものである。ここでわかってくることは、東日本では騎馬という習慣があり、馬の税と騎馬習俗によっておこる歴史的な性格をもっているし、西日本は水田の米と、その流通によって生活を営んでいることである。

源氏と平家の戦いは、東と西の対立であり、それは源氏の騎馬、平家の船によって象徴されているといえよう。

義経の〝ひよどり越え〟の奇襲は、源氏の利点を存分に発揮したものであった。一方、平家は、究極的には敗れはしたが、最後の決戦の場を、水上に選んだことは当然のなりゆきであった。騎馬兵の武器である弓を最大限に利用した源氏の力が、船による打ち物つまり剣技を武器とした平家を、打ち破ったのである。

中国に「南船北馬」という言葉があり、南の揚子江沿岸の舟運に対して、北方の馬を対比してのことであるが、日本的にいえば「西船東馬」というわけである。

この馬と船を対比的に考えることは、すでに平安時代初期の法令をあつめた「類《る》聚《い》三代格《じゅうさんだいきゃく》」に見られる。寛平六年（八九四年）八月十六日の官符として出されたもののなかに、

源氏と平家の戦いは騎馬と船によって象徴される

「調物《みつぎ》を進上するは駄をもって本となし、官米を運送するは船をもって旨となす」と書かれている。律令国家をささえる動脈として、馬と船の力によって地方からの貢納物が運びこまれていたのである。古代国家の末期にあらわれた律令国家は、それまでの人間に対する徭《よう》役（肉体労働）から土地を通じた貢租に移行する過程にできたものであった。

東と西の対立は、馬を利用した武士団を生んで行き、領有する土地（所領）に対する執着を作っていく。一方、西では船を動かしての貿易を発展させ、貨幣、銭を中心とする考えが生まれてくる。東の土地主義、西の貨幣尊重主義が、平安時代末期から中世にかけて定着していくのである。

有名な袴垂保輔《はかまだれやすすけ》という大泥棒が、平安朝に登場している。京の大江山に住んでいて、町へ下山しては盗みを働くのだが、盗るのは金である。東日本には、そのような者はいない。盗るのは、現物に限っている。西日本では早くから、貨幣制度が発達していたことが、これからもわかる。

▽▽▽「県民性」をつくりあげたのは何か

弥生式時代になるとともに、人々の生活に変化が生ずる。稲作農耕が開始されたのである。

日本の稲は、東南中国から伝えられたものなので、気温の低いところではなかなか定着しない。そこで、自然選択によって、寒冷地にも適合する種を見つけ出し、東日本に栽培地をのばしていかなければならなかった。

武蔵野の原野は、赤土と櫟《くぬぎ》の林におおわれ、小高い丘の散在する彼方に、若い山々をひかえていた。いまも、わずかに残る武蔵野の風情に郷愁を抱く人も多いことだろう。

しかし、一雨降れば、赤土はべったりと履物《はきもの》に付き、風が吹けば、たちまちほこりとなって舞い上がる。赤土は火山灰質でできており、生産性に乏しいやせた土なのである。江戸っ子の好きな「そば」は、この地味の貧しさを表わしているといえよう。北関東の名物、干瓢《かんぴょう》やコンニャクも、そばと同様、貧しい土地にしか育たない作物なのである。

武蔵野の林が、つい最近まで放置されていたのは、墾しても仕方がない、と考えられていたからであろう。この関東平野のさらに奥に位置する東北地方となると、貧しさは、関東平野以上で、深刻な問題であった。

ところが、奈良朝末期、平安朝初期になって、耐寒性の稲が発明されたのである。

岩手県水沢市に、胆沢《いさわ》城という城柵があったが、この遺跡を最近発掘した際、真ん中に農事試験場が発見された。農事試験場というとおかしいが、米の試作場のようなもので、そこで温帯性の米を、耐寒性の品種に改良していたらしい。そして、奈良朝末期から平安朝初期ごろに成功し、改良種の稲を北上川流域に広げていったと推測される。

この事業を行なったのが坂上田村麻呂《さかのうえのたむらまろ》で、彼は稲栽培に不適当な地に、稲の品種を改良することで、稲作可能地帯を広げていこうとしたのである。これは一応の成功をおさめ、蝦夷《えぞ》人の感謝を受けた。

しかし彼の死後、再び内乱状態が繰り返され、やがて安倍、清原氏の時代となっていく。

気温が生産物を限定し、さらには、社会構造の性格づけを行ない、歴史にまで影響を及ぼしていくことがわかる。

現代では、暑さ寒さに対処することもできるので、直接的な影響は少なくなり、温度に対しての感覚が鈍くなっているように思えるが、それでも〝不快指数〟という言葉があるように、肉体は自然に対して正確に反応する。日本での調査によれば、気温が摂氏二十八度を越えると、体温を下げるため、皮膚に近い血管の血行が激しくなり、結果的に、臓器や脳の血液が不足し、内臓機能が低下する。

たとえば、古代マヤ文明の遺跡を見ると、その石柱、神像のレリーフや文様は、きわめて重厚で、重苦しいばかりに執拗なスタイルをもち、南アジア古代文明の彫刻と類似点が多いことに気づく。これも、高温の熱帯地方だからではないか、と指摘するむきもある。

このことから、日本の四国や九州、沖縄地方との共通性が思い出されるが、同時に、北の地方との相違点を考えるヒントにもなる。

自然条件は、しばしば歴史の裏に隠れてしまうが、気候や温度こそ歴史を形作っている重要な条件の一つであり、それを抜きにしては考えられないといえる。

第二の条件として、人間の構成要素がある。

日本人は、もちろん混血、雑種であるが、基本的な原日本人という、石器時代以前の化石人からつながるタイプがある。この原日本人があったところに、西日本では朝鮮とか中国とかマレーとかの東アジアの血が入りこみ、東日本ではアイヌとか、わずかではあるがエスキモーの血が入った。

日本人は、生物学的にみて多様で、体型、風貌が中国人そっくりであったり、インドネシア人やフィリピン人に似た顔つきであったりする。

類似した容貌、似た気質の人間が同じ地域に住んでいるのは、その地域に限って結婚が行なわれていた証拠で、日本人はヨーロッパ人に比べて、近親結婚（血族結婚）が極めて多いといわれる。

日本の地勢が複雑で、山あり谷ありの関係から、大陸ほどに自由な交流が成り立たなかったためである。このけわしい自然の中で、単一人種が長い間生活しているうちに、共通の体質を持った人間が増えてゆき、これが後の「県民性」というものにまで続くと考えられる。

日本人の血液型分布率は、古畑種基博士のＡＢＯ方式による調査では、大きくいって、東日本ではＯ型とＡ型が高い率を示し、西日本ではＡ型が高い率を示している。日本列島の西南部から朝鮮半島南部にかけて、南方系にＡ型が多いという統計は大変興味深い。

これに対して、北方のギリヤーク人はＯ型が五十パーセント、アメリカ・インディアンが六十七パーセントとのデータがあり、アイヌ人はＢ型が多いという。

血液型と気質、性格との関連は、はやくも昭和の初めから唱えられているが、その説では、Ｏ型、Ｂ型の血液型は、集団気質として積極的であり、Ａ型、ＡＢ型は消極的としている。

このような人間の先天的構成要素が、自然とどのように関わり、影響を受け、歴史をつくっていったかということは、関西と関東を考えるうえでも重要なことであろう。

▽▽▽「そば」と「うどん」に見る東西の距離

司馬遼太郎氏が伝聞したことを書きとめておいたものの中に、こんな話がある。

長距離トラックを運転している人達がよく言うことだが、下関を出発して山陽道を走り続け、神戸を経て大阪に入ってくると気がゆるむ、という。大阪には体質としてそういうものがあるらしい。ルールへの遵法精神がゆるい感じを抱かせるらしく、つい事故を起こしてしまう。大阪を通り過ぎて京都へ入り、草津から東海道に入ると自然と気分がかわって、ちょっと緊張してくる。静岡を過ぎるころから、東京へ入るんだと思うと、非常に緊張するという。

つまり、東京には何か人を緊張させるものがある。ルールに対する厳しさというか、封建時代から引き継がれた緊張感が非常に濃厚で、大阪は初めから寝ころんでしまっているようなところがある。

江戸っ子のヤセ我慢といった気質は、車で入って来る者にまで、微妙な影響を与えているのである。

城下町であった東京と、町人の町であった大阪は、体臭のように気風がしみついていて、抜けきっていない。

たまたま、東と西の代表ともいうべき東京と大阪のことを述べてみたが、自然の相違以外にも、衣食住で今なお明らかに生活慣習の違いがある。

名古屋以西の麺《めん》類を食べさせる店は「うどん屋」という看板をかかげている。「そば」はあくまで添え物なのだ。これが岡崎から東になると「そば屋」となる。

正月の雑煮も、地方によって若干のちがいはあるものの、関東はすまし、関西は味噌汁である。寿司も関東の辛口、関西の甘口と違うし、鰻《うなぎ》の蒲焼《かばやき》も、割き方、焼き方が違う。

衣《ころも》のほうでいえば、東は「たっつけ」または「モンペ」が主流であった。これは「袴」と「ももひき」にうけつがれていく。西では「腰巻き」「ふんどし」を常用した。西のこれは南方の風俗が入ったものといわれている。ふんどしは明治時代に入

東はたっつけ、西はふんどしを常用していた

ってから、軍隊での着用があって、東北方面にまで行きわたった。腰巻きも江戸時代に入って「ゆもじ」となって普及した。

荷物はこびは東日本では「負《お》い子《ご》」を使うが、西日本は「天秤《てんびん》棒」であった。江戸時代になってから天秤棒は関東にまで及んだが、東北方面には普及していない。また頭にのせて運ぶ風習も東では少ない。頭にのせて運ぶのは、南方の習慣である。

住についていえば、東の「いろり」、西の「かまど」がある。東北地方の民話は、じじ、ばばに寄りそうわらべ、そして自在鉤《かぎ》と薪《たきぎ》があってはじめて成り立つ。西の豪農のかまどは幾つもの大釜が並んでいて、偉容を誇っていた。

畳も江戸間と京間とでは違いがある。大きさのちがいばかりではなく、材料も当初はちがっていた。東はゴザ、西は畳が主流であって、苧《お》は東北、関東、北陸を生産地としており、藺草《いぐさ》は瀬戸内地方の特産であった。

このようにみてくると、東と西の対立はあきらかであり、自然と人種構成要素の混交が、地方的性格を形づくってきたことがわかる。この二つの要素で成り立つのが社会であれば、社会が人間生活に逆に投影してくることが理解できるであろう。

ただ、この東と西という相反するような二つの世界が、日本という一国家の中で、互いに争い、反発しつつ、決して分裂し、離反しきってしまうことがなかったことに、日本的特質が見られる。

東西は、それぞれかかわりあいをもちつつ、滲透し、影響し合い、新たな性格をつくり、また反発し合う。互いに相手のエネルギーを吸収し、たわめ、変形させながら進展してきた。一方が他方を屈服させ、その根を枯らしてしまうようなことは、ついになかったのである。

東のいろり、西のかまど

日本における、このような「対《つい》の思想」とも呼ぶものの一つに、曼陀羅がある。真言宗の祭壇の左右にかかげられる二つの絵図、金剛界と胎蔵界の両界曼陀羅は、理と智を象徴し、いずれが優位というものではない。両者がそれぞれの世界を象徴しながら、対において絶対世界を具現しているのである。

東日本と西日本もそれぞれの世界を表現しながら、一方が他方を否定し去るのではなく、いわば二色が混交し合い、輪となって回転し、多色を発して現在をつくっている。

なっている。

▽▽▽未開の地「東の国」が「関八州」になるまで

文化史的にみて、関西のほうが関東のほうより高い、というのが何となく常識になっている。

「明治百年が何どす、京都は千年の都どすえ」という声も聞いたし、奈良の都、大阪の老舗、神戸の開化、さらには長崎の貿易から、はては耶馬台国まで出されると、関東の旗色は、にわかに悪くなる。

たしかに稲作に始まる古代文化は、西から東への東漸の波として及んでいった。つまり、西の者にいわせれば、東は歴史が浅い、ということなのだろうが、それなら、京都千年、弥生二千年どころか、東には縄文九千年という事実がある。

現在までに発見されている世界最古の土器は、日本の縄文式土器である。つまり、世界でも画期的な文化を切り開いた優秀な民族がいたことを示すわけだ。

縄文式文化は、長野、山梨、静岡、神奈川、東京、群馬、千葉、埼玉を中心として、東北、北海道から伊豆七島まで及ぶ大文化圏を成していた。西のほうへ行くに

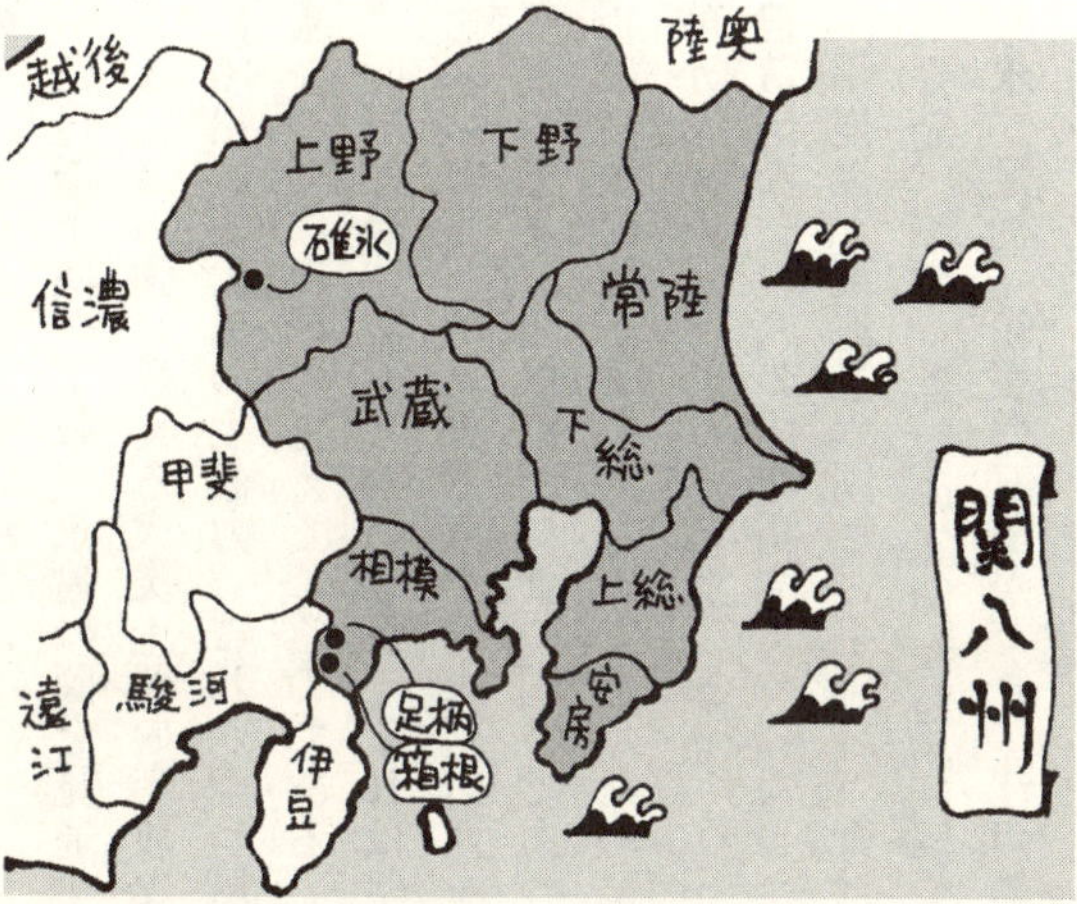

関八州と碓氷、足柄、箱根の関所

つれて出土数は減少し、形式も粗雑で優れた品が少なくなり、年代も新しくなる。

たとえば、縄文時代、千葉県は、日本で最も高い人口密度を示していたものと思われる。この地は、自由な採集狩猟生活を送っていた人々にとって、実に生活しやすいところだったからである。縄文人の生活の痕跡がある貝塚は、全国でおよそ二千三百カ所といわれているが、半数が関東地方にあり、千葉県内だけで二百六十数カ所もある。これは全国一である。

言語を残すことのなかった沈黙の一大文化圏、原日本人の誕生がまず関東のイメージとして思い浮かぶ。

奇怪な土偶や土版、永遠の闇を見通す埴輪の目と、ユーモラスな手振り身振り、さらには力強く燃える火炎土器の奔放なエネルギー。激しさと巨大さ。素朴なままに噴出する大地の生命力。これが空っ風と、坂東太郎の雄大な流れ、黒潮の波濤に重なって、透けて見えてくるのである。

関東とか、関西とかいうが、これは伊勢の鈴鹿関、美濃の不破《ふわ》関、越前の愛発《あらち》関を基準とし、それより東を関東、以西を関西といったことに始まる。この三つの関所、つまり三関以東が「東《あずま》の国」であったが、江戸時代に入ってから江戸を守るために箱根の関が重要になってきたために、以前から用いられていた東海道は、足柄峠から東という意味である「坂東」と混同されて、関東とは「関八州《かんはっしゅう》」つまり、武蔵国などの八カ国を指すようになった。これが現在の関東地方である。

相模以下東海道六国と、上野《こうずけ》、下野《しもつけ》は坂東、または山東《さんとう》といっていたのである。

愛発、不破、鈴鹿の三関が西の門であったが、田沢や箱根の道の開発により、碓氷《うすい》、足柄、箱根の三関ができ、江戸の門となっていったのである。

かつて東北と関東を画していたものに念珠《ねず》（鼠）、白河、勿来《なこそ》の三関があって、夷人《いじん》を遮《さえぎ》っていたが、これはさらに北上して多賀城、胆沢城、厨川柵《くりやかわさく》の砦となっていった。勿来とは「来ル勿レ」という意味で、軍事的な意味が強かったことがわかる。

京都を発って東に向かい、不破や鈴鹿の関を越えることは、文化程度の低い、荒ぶる者たちの住む〝アズマの国〟へ行くこと、と見ていたに違いない。記紀の神話伝説時代以来、東の国は化外《けがい》の地であり、そこからヤマトタケルの東征物語なども生まれてくる。蝦夷《えぞ》平定は、西の国の長い間の課題であった。

「鳥が鳴くあずまの国」というのは、すがすがしい朝明けの国と受けとられかねないが、東国の人の言葉は西の者には鳥が鳴くように聞こえる「ひなの言葉」との意味である。

しかし、そのように見られていた人々も、ひとたび言葉をもったとき、『万葉集』の東歌に見られるように、真実のほとばしり出るような直截的な言葉を発し、今もなお読む人の胸をうつ。

▽▽▽京都の「野分け」、関東の「空っ風」

南北に細長い島国である日本は、南は亜熱帯圏、北は亜寒帯圏に属し、地方によってさまざまな景観を見せる。

関東地方も、他の地方とは異なる自然の特徴を持っている。ひとくちにいって、関西の繊細さにくらべると、強圧的であるといってもいいだろう。

関西では、木々の色彩もあでやかで、新緑も紅葉も多彩な色どりを見せ、変化に富んでいる。一方の関東では色彩も単調で、深味に欠ける感がある。

関東の雨は、はげしい。広重の傑作「大はしあたけの夕立」（名所江戸百景）は、千住大橋に吹きつける横なぐりの雨を描いたもので、その雨足の強さは迫真的である。「京にては雨天も合羽《かっぱ》を着ず、合羽を着れば人必ず遠行すると見たり、これ雨の横に降らず、まっすぐに降る故なり」（滝沢馬琴『羇旅《きりよ》漫録』）と記された、西の雨と対照的である。

また風の場合、京都では「野分け」といい、平安文学にも取り上げられているよ

歌川広重の名所江戸百景より「大はしあたけの夕立」

うに、秋から冬にかけて盆地内の野の草を吹き分ける強い風が見られるが、一方の関東では、平野を吹き抜け、荒涼とした感じを抱かせる「空っ風」である。

関東では、どこへ行っても農家の周囲には樹木が繁り、なかには竹藪《やぶ》に囲まれているものもあり、家は樹木に隠れているように見える。これは、冬の北風、あるいは北西風を防ぐための屋敷林である。

家の壁は、粗末な荒壁が多く、雨のあたる部分には杉皮や板などを打ちつけていて、屋根の勾配は急である。重々しさと、ひなびた風情がある。関西の農家は、水を屋敷のまわりにめぐらせ、白壁を塗ったものが多い。

西の田、東の畑といわれるように、東には水田がなかなか普及しなかった。西日本では早くから灌漑用の貯水池が発達し、江戸の初めには海岸の埋め立て、開拓に着手している。水との戦いは大きな課題であった。

西の水害、東の冷害が作物の大敵であり、これは今もなお人々を苦しめている。

農民のなかから生まれた関東武士が、いま述べてきた関東の自然環境の中で、剛直な文化をつくりあげていく。その発生の母胎となった農民は、それ自体、概して保守的、消極的で、根本的な改革を好まない。その農民的心性が関東の荒ぶる自然のなかに置かれ、鎌倉、江戸と政治、文化の中心に引き出されたとき、どのような変容をみせたのであろうか。

その具体的な展開は、おいおい述べて行きたい。

▽▽▽古代にはなかった「関西」と「西国」

大和は　くにのまほろば　たたなずく
青垣　山ごもれる　大和し　うるはし

東国の平定を終えての帰途、病に斃《たお》れた日本武尊《やまとたけるのみこと》はこう歌い、大和をしのんだ。心のふるさと、美しい国、大和。

その大和を中心とする山城、河内《かわち》、摂津、和泉《いずみ》の五ヵ国を畿内といい、皇居の周辺の国々という意味で、大化改新（六四五年）のときに定められた。ついでにいうと、近畿とは、畿内《きない》の近くということで、今日の京都、大阪、三重、奈良、和歌山、滋賀、兵庫の二府五県をさす。

愛発《あらち》、不破《ふわ》、鈴鹿の三関を境として、西の地域を関西と呼ぶが、伊勢（三重県）だけは、関の東にあり、関西には入っていない。しかし、関東とはいっても、関西に隣接しており、さらに東には伊勢湾があって東との接触が少なく、西の影響を大きく受けている。

畿内は古代国家が成立してから、明治二年（一八六九年）まで都がおかれていたところであり、ほぼ日本の中心に位置している地理的条件が、都を長く置かせた理由の一つであろう。

また、古代国家が畿内に発生した理由を、地理的な見地からみると次のようなことになろう。

大陸や南方から、この島国日本に渡ってくる人たちは、当然船を利用したのであるが、北九州辺りについた船は、瀬戸内海に入り、東進すると淀川河口あたりにつき当たる。ここからさらに航行するには、紀伊半島の南に出て、太平洋の荒波を越えなければならない。しかも、その上陸したところは、広い平野（摂津平野）が開けていて、付近には大きな盆地（京都盆地、奈良盆地）もあり、危険をおかしてまで東進を試みる必要を感じなかったのだろう。陸行するにしても、東には伊賀、鈴

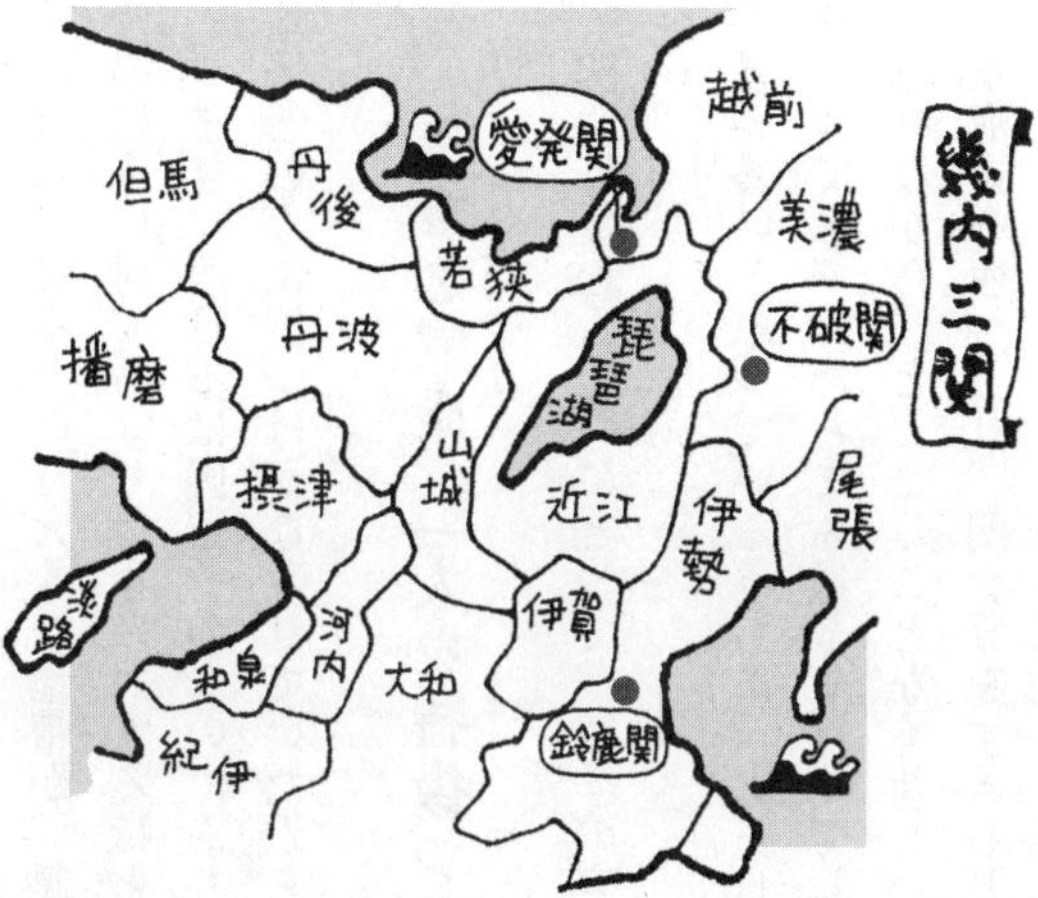

関西と愛発、不破、鈴鹿の関所

鹿山脈が立ちはだかっているのだから、なおさらである。

かくして、大陸や南方からの文化は、この地に流れつき、吹きだまりのように定着していき、古代国家を生む下地を作った。

古代において「東国」はあるのに、固有な意味における「西国」という観念はない。「関東」はあったが、「関西」という観念はなかった。「東」をある特別の地域として区別する考え方はあるのに、「西」については、それがないのはなぜだろうか。

愛発《あらち》、不破《ふわ》、鈴鹿の三関はあるのに、なぜ四関がないのだろう。東西南北、四方の守りとしての考え方が生まれなかったのだろうか。

これは西日本という大きな地帯が、畿内を中心として古代国家を形成しており、西のほうに対する守りは東に対するほど必要でなかったからであろう。

つまり、西日本は国家そのものであり、東日本は、国家の外におかれた特殊未開地域という位置づけがなされていたからである。

▽▽▽秀吉と家康、二人を特徴づける性格の秘密

関西に住む人たちにとって、四季の変化はあわただしいものとして感じられるという。

暑い暑いと思っているうちに、ある日突然秋の訪れを知る。紅葉の見頃もいきなりやってきて、たちまち過ぎて行ってしまう。季節の変化は突然訪れ、華やぎの色を見せながら、とどまることなく新しいときへと移って行く。

東海道を西へ上り、関ヶ原をすぎると急に景色が変わり、山野の色彩が鮮やかになるという感じを持つ人が多いようだ。この豊かな色彩が、あのあでやかな友禅染

めを生み出したのではないか。

華やかさとうつろいやすさが、王朝文学の「あわれ」と「かなし」を生み、大阪の「ぜいたく」と「倹約」を生んだのであろう。

源氏と平家の旗をとってみても、源氏の白旗という簡素さに比べて、平家は赤旗でここにも自然の色彩の反映がみてとれる。

西日本は海岸の屈曲が多く、ために良港も多い。瀬戸内海のあの島数の多さと多様さが、豊富な魚介類の資源と風光の多様さを与えてくれる。それに比べて東日本は、九十九里浜や鹿島灘にみられるように、弓張月状の海岸が多く、港湾が少ない。

関東の地質はおもに新火山岩よりなり、山容は荒々しく、けわしい。関西は旧火山岩である花崗岩《かこうがん》が多く、山はふっくらと丸く、優美な姿をしたものが多い。

豊かな自然を背景にして早くから開けた関西地方は、いち早く貨幣経済を発達させ海外の国との流通をさかんに行なっていた。その水を通じての、いわば海洋的性格が進取、開放の性格をつくりあげ、文化の摂取にも積極的な文化圏をつくってきたのである。

江戸時代の鎖国政策に対して、秀吉の朝鮮征伐の対称はきわめて象徴的である。家康の重農主義、秀吉の重商主義は、源氏の農民的性格、平家の商業的性格を受けつぐものといえる。

第2章

大江戸が生んだ
江戸っ子気質

▽▽▽海辺の漁村が「大江戸」に変貌した

「江戸っ子の生まれそこない金をため」という川柳がある。じつは江戸が植民地的な新興都市で、金を貯える余裕もないほど変転がはげしい町であったことの裏返しの強がりともいえる。その中で生まれた江戸っ子の気風は、出稼ぎ者の集団で、相互扶助の気風を尊んだ。これがいわゆる江戸っ子の義《ぎ》侠《きょう》心のもとになるわけである。

また、人情に厚いといわれるのも、植民地的環境のためであろうし、楽天的、ユーモラスな性格が江戸町人の持ち前であった。元禄年間ごろから「人間万事金の世の中」となり、武士は俸禄だけでは経済的に不安になってきたのに対し、町人は手仕事さえあれば、生活の不安がなくなってきたので楽天的になっていったのであろう。

江戸は天下のはきだめ、ともいわれた。

日本の政治の中心である江戸へ行けばなんとか食える、ということで、それだけの人間をかかえこめるだけの「大江戸」の世となったということである。

かつては海辺の漁村にすぎなかった江戸は、徳川家康が江戸城に入って以後、城下町として急速に発達する。

慶長の終りごろの江戸の人口は十五万人くらいだったということが、その頃日本に来たドン・ロドリゴ・デ・ビベーロの『日本見聞記』にのっている。江戸が急に人口の増加をきたすのは、寛永時代の参勤交代が始まってからである。一年おきに東北から、関西から大名が入れかわりにやってくる。大名の妻とあととりは二代秀忠の頃から人質の意味で江戸にとどめられていたのが、三代家光の時には、必ず江戸に住むよう、制度化されていた。諸大名が大名行列をして連れてくる武士たち、それに江戸留守居の武士たちで、急激に人口が増えたのである。

江戸の中期ごろ、総人口の正確な記録はないが、武士が二十万人、町人が五十万人、これに無籍人を加えて大体七十五万人くらいだったと推定される。この頃の大阪、京都の場合は、どちらも三十万から四十万人ぐらいにすぎない。

三代江戸に住んではじめて江戸っ子、といわれるのも、それだけ江戸の居住者の移動がはげしく変ったということだろう。各地から集まってきた人びとと、武蔵地方の人びとの混交で、江戸の文化や生活習俗がつくられていったわけだが、初めのころは、ずいぶん面倒な言葉のやりとりがあった。津軽の殿様と薩摩の殿様とが、江戸城中で会話をするときには通訳が必要だった、という話がのこっている。現代でも土地の古老などに早口でしゃべられると、まったくわけがわからないことがある。

慶長の末から元禄にかけて完成した遊廓、吉原では、これを創った庄司甚右衛門が種々工夫して、吉原だけに通用する独自な「ありんす言葉」をつくりだしたほどである。あまりにも多くの地方から人が出入りするため、言葉を統一する必要があったことと、おたずね者などを発見しやすいようにとの、必要にせまられての方便だったのである。

多種多様な「江戸市民」は、江戸幕府の保護政策によって定着し、しだいに独自の気風を形成してくる。この保護政策によって、江戸の商人や住民は、地子《じし》免除といって、いっさいの地租税を徴収されなかった。

「将軍様を上にいただき、水道の水でうぶ湯をつかった江戸っ子だい」という自慢が出てくるのは意外に遅い。三田村鳶魚《えんぎょ》によれば、文化の中心は上方（関西）にある、という負い目に対抗しての意識が出てくるのは、寛政七年（一七九五年）の洒落本『廓通荘子《かくつうそうじ》』に「江戸っ子」という言葉が出てくるあたりからだという。「江戸者」とか「江戸根生《ねお》い」という言葉は元禄ごろにはあったが、為永春水《ためながしゅんすい》の天保時代の本では「東《あずま》っ子」といっている。いささか歯切れが悪く、しっくりこない。

芝居のほうでは寛政元年に河原崎座の顔見世に、岩井半四郎の「暫《しばらく》」のつらねとして「……しゃりとは似た山、おや玉に似ても似つかぬ替玉は、ただ江戸っ子と御贔屓《ひいき》を頭にいただくかけ烏帽子《えぼし》」とあるのが最初である。このつらねのなかから生まれたとすれば、荒事《あらごと》の副産物らしくもあって、吾妻っ子（東っ子）では用を弁じない。やはりこの「江戸っ子」というはねるアクセントでもってはじめて自分だけの「気《き》っ風《ぷ》」が表現された、という思いがあったからであろう。

しかし、江戸っ子という言葉のニュアンスからは、武士は当然はずれるし、大店の主人とか大地主の旦那といった人物を思うのには抵抗を感ずるようだ。町人階級のうちでも小商人、鳶人足《とびにんそく》や大工、左官などの職人、火消しといった連中の顔が思い浮かぶ。

江戸っ子というのは、江戸に住む者ではなく、江戸っ子気質といったある種の性格を指して使われることがわかる。

「江戸っ子は五月の鯉の吹き流し」といい、腹の中にたくらみのない、解放的で、まっ正直な愛すべき人物だが、おせっかいで見栄坊、ヤセ我慢の口達者といった軽薄な面もある。

▽▽▽生命も投げ出す「江戸っ子気質」

このような代表の一人に芝居の「助六」がいる。その喧嘩言葉をあげてみよう。

「わしでごんす。なんときついものか。大門口へぬっと面を出すと、仲の町の両側から、近ずきの女郎の吸付け煙草が、雨の降るようだわ、夕べも松屋の店へ、ちょっと腰を掛けたらば、五丁町の女郎の吸付け煙草、店先へ煙管《きせる》の蒸籠《せいろ》。是でなければうれしくねえでんす。大尽《だいじん》だなぞと味噌を上げても、こういう事は金ずくじゃならねえて。撫付けどん、誰だか知らねえが、煙管が入用なら一本貸して進ぜましょうか」

江戸っ子は五月の鯉の吹き流し

吉原の花魁《おいらん》揚巻《あげまき》をめぐる、俠客《きょうかく》助六による ひげの意休への啖呵《たんか》である。喧嘩ことばが舞台上のセリフとなると、こうも面白くなるものか。そしてきざはきざなりに格好がよい。同じ喧嘩でも、言葉に対しての神経が行き届いていないと、満足しない心映えが生まれてきているのである。

これは歌舞伎の世界であるから、言葉の技術が洗練されているといえばいえるので、もっと直線的な、野卑《やひ》な落語をひいてみる。「首提灯《くびちょうちん》」という話である。

江戸へ初めて出て来た武士が町人に道をきく。武士のたずね方は横柄《おうへい》であったにしろ、相手の町人はあいにく、酒が入っていた。

「なにをいやがるんだ。道を聞くなら、聞くようにしろ。暗やみからいきなり出やがって、おいおいてえやつがあるか。麻布へ行くにゃあな、爪先《つまさき》を先にして踵《かかと》を後ろにしてたがいちがいに歩いて行き……それでわからなけりゃあ、東西南北のあいだを捜してみねえ。てめえみたような田舎武士《いなかざむらい》が道に迷ってくるだろうと、手銭で酒をくらって待ってるやつは、この江戸にゃいねえや。さむれえだからって大きな面《つら》をしていたら、江戸っ子とつきあいはできねえよ。武士《さむらい》は武士らしく礼を厚くしてこい。道を聞きてえと思ったら『そこなる御仁、御足《おみあし》をお止め申してあいすみません。少々ものを伺いとう存じます。手前《てまえ》ことはなんのなんの守《かみ》の家来、何石ちょうだいいたし何役を勤める何の某《なにがし》と申す者でござるが、江戸表不案内のため、道に迷い難渋をいたす。麻布へまいるにはどちらへまいってよろしゅうございますか、ご存じならばお教え下さいませ』と手をついておじぎをしろ。ことによったら屋敷へ連れてって、殿さまのお冠が曲がったらわびごとのひとつもして納めてやらねえこともねえが、てめえみたようなかぼちゃ野郎におどかされて、ぴょこぴょこしながら、おじぎをして道を教えるほど弱え尻《よええしり》はねえ。わかったか、まぬけめ。まごまごしゃがると首と足を取っつかめえて小間結びにしてしまうぜ」

四代 橘《たちばなや》家円蔵（元治元年江戸生）の口述筆記から引用したように、ストレートで荒っぽい、悪態が、江戸の市民の溜飲を下げたことは十分に想像される。たしかに、品位はおちるが、生命を投げだしての（事実、この町人は首を斬られる）八つ当たりは、江戸っ子好みの気《き》っ風《ぷ》を見せている。

いってみれば、「負けず嫌い」という、半ばやけ気味の劣等感を裏返した強がりが、将軍のおひざもとという安っぽいプライドと結びついて無理なポーズをとらせているのが江戸っ子気質だともいえる。

美点といえば、腹ん中は真っ白、無償の奉仕性ということだ。

その代表的タイプとして、幡随院《ばんずいいん》長兵衛《ちょうべえ》、吉原三浦屋の高尾太夫《だゆう》の名が思い浮かぶ。長兵衛は旗本、水野十郎左衛門と確執を生じ、単身その屋敷へのりこみ、湯殿で暗殺されてしまう。

高尾太夫の名は「君はいま駒形《こまがた》あたりほととぎす」の名吟で知られている。事実は異なるが、仙台侯、伊達綱宗の身請け話、値千両という話に「わちきにはいい人がありんす。身体はお金で買われても、心はそうはいきません」とひじてつをくらわした。ために隅田川の川舟で吊し切りにされた、と巷説《こうせつ》ではなっている。いずれも権力者である武士階級の横暴さにたてついた結果であった。

▽▽▽江戸時代に生まれた「山の手と下町」

「芝で生まれて神田で育ち」を江戸っ子のチャキチャキという。また下町といい、山の手といって気風のちがいが論じられる。江戸時代の山の手と下町の区別は武家屋敷の多くある台地を境にして、武士ではない者が多く住んでいた、台地の下を下町としていたが、これは通称で、江戸の地図には区別は記されていない。

下町は今の中央区の銀座、京橋をのぞく日本橋を中心とした一帯。台東区の上野公園と文京区とそれに連なる高台や不忍池のあたりをのぞいた一帯。江東区は隅田川沿いのわずかな地域。深川八幡宮のあたりや両国の日大講堂（旧国技館）あたりから駒形《こまがた》までをさした。

根岸や三《み》の輪、押上《おしあげ》や向島《むこうじま》などは入らない。浅草も、観音様の裏から吉原を含め

山の手と下町

た山谷《さんや》あたりも入らない。そんなせまい地域が下町であった。

山の手は、東京大学から、お茶の水あたりを通る、神田よりの高台、旧小石川区、千代田区の高台と江戸城外濠にそった地域、それにつづく中央区の同じ高台、そして芝の増上寺あたりの旧赤坂区、それに旧麻布区の全体をいった。

佃島《つくだじま》は漁師町として別扱いをうけている。

根岸とか巣鴨、大塚、早稲田や鶴巻町などは郊外であった。新宿は馬糞《ふん》の舞いあがる宿場町で、渋谷は丘と雑木林であり、品川も宿場町で、いずれも山の手であった。

この両者をひっくるめた江戸っ子が、いまの山の手線よりさらに小さな輪の中に住んでいたのである。結局、ほんとうの江戸っ子は神田明神と赤坂山王様の氏子といってよいだろう。

その下町と山の手の気質のちがいは、支配階層の武士と被支配階層の町人の住む地域からきたといえる。

明治維新後、薩長藩閥の高官や旧公卿、旧大名などは山の手の地域に住みついた。大名屋敷や旗本屋敷が彼らの求めた家である。山の手の小さな家には吏僚が住む。彼らは明治以後の支配階層である。

下町には、明治以降も、商人や職人が多く住んだ。さらに堺目や「川向こう」には、労務者などが多く住むようになる。

下町の住人は武士の権威の失墜する江戸の末期頃から、山の手人種への反感をみせはじめる。これは明治になってからの支配者であり、「よそもん」である山の手への対抗意識をいっそう強くしてゆく。「洒落もわからねえし、ゆうづうもきかねえヤマノテのやつ」というわけである。「川向う、あれは江戸っ子じゃないよ」というのは、明治以降は長屋が多く、ここには地方からの上京者が多かったからだ。

これに対して山の手側は、「下町っ子は礼儀作法をわきまえないし学もない」と軽蔑する。

大店の商人をのぞいて、下町人は、大声で話すことが多いのに対して、山の手人は低い声で話す。諸事、ひかえ目にする気風があったからであろう。

山の手意識は、いわばエリート意識であり、ひかえ目にしか行動できないところに、最大の特徴があった。

▽▽▽江戸文化を支えた「通」と「粋」の世界

「武士は食わねど高楊子」といった見栄っぱりの性格が江戸っ子ならば、「腹がへってはいくさができぬ」が上方の気風といえる。

大阪や京都の者が東京へ出てきて、東京の者と話をしていると、何か叱られているような気がするという。がさ、いなせ、鉄火、勇み肌…といった気風を美しいものとした心性が、「東京人」に流れているのだろう。

江戸っ子の生まれぞこない銭をため
江戸っ子の死にぞこないは倉を建て

と、「宵ごしの銭を持たぬ」という気風もしだいに洗練されて、一種独特の江戸文化を支える心根を形成する。

たしかに、寛永のころはまだ荒っぽく、生地まるだしであったが、逸楽と粉飾に満ちた元禄をへて、享保の太平から安永、天明にかけて、「通」や「意気」(粋)の江戸趣味は熟成してゆく。

安永、天明のころ、江戸に、十八大通といわれる人たちがいた。もっぱら吉原に遊びながら、その遊びっぷりの派手なところから「通人」という言葉さえはじまった。だいたいが大商人であり、なかには遊廓の経営者などもいたし、高利貸もいた。

浪費をいとわぬだけの財力と、その使い方の見事さ、それは通人の資格である。しかも書画骨董の鑑賞眼や川柳俳諧のたぐいも即興にひねり出す能力をもたねばならないし、芸人の諸芸についてては、どんな細かいところにも目がゆき届かなくてはならない。すべてに通じていながら、どこかでさらりと身をかわして熱くなりきらない。つまり、遊びの精神をもっている者、それが通人である。

その通人がいちばん嫌うのは「野暮《やぼ》」で、「あいつはヤボだ」といわれたら、人格を全く否定されたことになる。また、中途半端な、通人の真似はするが洗練されない者のことを、「半可通」とよんだ。

しゃれて憂き世を浮世に転ずる気風は、快楽主義、楽天主義に通ずる性格をつくりあげる。

たとえば、「火事と喧嘩は江戸の華」といわれるぐらい、江戸は火事が多かったので、建物や家財道具に金をかけるのは無駄であり、「宵ごしの銭は持たぬ」ほうがよかった。もっとも、この言葉は、未来否定的な気持から発したもので、それが高じて大いに遊べ、といった積極的な意味に変化していった。

経済力をつけた商人たちのなかから出た通人たちも、それをよしとする庶民の心情に根ざしていなければ、存在し得なかったであろう。

▽▽▽初物食いは江戸っ子の心意気

江戸っ子の快楽主義、あそび好きは、お祭りと初物食いによく現われている。

初鰹《はつがつお》切身で買うは伊勢屋なり

という川柳は、江戸っ子の見栄と関西人のしまりをよく対照させている。伊勢屋、近江屋といった関西商人は分に応じて切り身を買う。そんなみっともないことができるかい、というわけだ。

目に青葉山ほととぎす初鰹

というわけで、「どてらを質においても」は、やがて「女房を質においても」初鰹を食うのが江戸っ子の意気というようになる。

初鰹は江戸っ子の心意気

初鰹尊重の気持は、味覚もさることながら、そのほかに、威勢のよい姿、豪快さ、季節の走りものとしての珍貴さなどに対する好みが、いっそうその味を高めていた。味そのものだけではなく、江戸っ子の証として食べたように思われる。

芭蕉の句に、「鎌倉を生きて出でけん初鰹」とあるように、鰹は旧暦の四月ごろ、駿河《するが》、伊豆、相模《さがみ》に回遊してくるので、四月一日を鰹の解禁日とし、何はさておいてもこの初鰹を、と江戸っ子は見栄をはった。

なかには、安永、天明ごろのことだが「奢侈《しゃし》の人の初鰹を賞翫《しょうがん》するに、魚屋の持来るを待てば、其品すでに劣るとて、時節を計り品川沖へ予め舟を出し置、三浦三崎の方より鰹魚積みたる押送船を見掛次第、漕寄せて金一両を投込めば、舟子は合点して鰹一尾を得て、櫓を飛ばして帰り来る、是を名付けて真の初鰹喰と言へり」（『五月雨草紙』）と、金一両（米一石の値段）で闇取引きすることもあったが、山東京伝《さんとうきょうでん》の書いたものには二両二分という法外な値段もあった。

しかし、こんな馬鹿げたことも、文化文政ごろの江戸文化の熟成期にはおさまり、目の下一尺四寸のもので金百疋《ひき》、盛漁時には二百五十文くらいになる。

それでも幕末の河竹黙阿弥の「梅雨小袖昔八丈《つゆこそでむかしはちじょう》」いわゆる「髪結新三」のなかで、

権兵　新さん、鰹はいくらだ。

新三　初鰹も安く切りやして、一本三分さ。

権兵　え、お前三分で買いなすったのか。

新三　昨夜《ゆうべ》ちっと呑み過ぎたから、大作りで一杯やる気さ。

権兵　よく思いきって買いなすったね、わたしなどは三分あると単衣《ひとえ》の一枚も買います。

新三　お前さんのような人ばかりあると魚売りはあがったりだ。三分でも一両
　　でも高い金を出して買うのは、初というところを買いなさるのだ。

というやりとりがある。やはり伝統はぬぐえないことがわかる。

こうした初物買いは、「何はさておいても」という気持が先に立ち、あとさきかえりみずにしてしまう。「おせっかい」や「侠気」はこんなところにもでてくる。要するに、度をこした態度は悪いときには「おせっかい」となり、よい面では「世話ずき」となる。

芝居にもなり、落語にもある「文七元結《ぶんしちもつとい》」は、年を越すことができないため、泣く泣く娘を吉原にあずけて五十両という大金を得た左官の話からはじまる。左官が帰り道に吾妻橋まで来ると、預かった五十両をなくしてしまった手代《てだい》（文七）が、身投げして詫びようとしていた。左官は彼を救うために、娘の代償として得た五十両を、あとさきを考えずに投げつけて逃げだしてしまう。

最後には、なくした金も出てきて、文七はその娘といっしょになってめでたしめ

でたしとなるのだが、あとで後悔するのに、人の難儀は見て過ごせぬところに江戸っ子の気風があり、そこに共感したのである。

いまでも下町では、出産のときなどは、近所のおかみさん連中が集まってきて、何やかやと世話をやいてくれる。この相互扶助の精神は、いわば〝江戸っ子〟のよい名ごりであろう。

▽▽▽財布のヒモは他国者が握っていた

江戸で刺青《いれずみ》をしない鳶《とび》、仕事師は「搗《つ》き屋」といわれた。越後から米搗きに、といわれるほど越後の人間が多かったが、要するに、地方から出てくる米搗きの田舎者のようなものという蔑称である。痛むのを歯をくいしばって、立派な刺青を彫《ほ》る、これが自慢で、機会さえあれば裸になってみせびらかす。「遠山の金さん」などは、いまでもテレビでかっさいを受けているが、見せ場は幕切れの「この遠山桜の桜吹雪を知らねえか」と、伝法《でんぽう》にタンカをきるところにある。

全身に刺青をするには金と時間もかかるが、何といっても、苦痛をこらえる気力と胆力が必要であった。無数の細い針をたばねたもので人間をつきさすのであるから、どんな強情な男でも涙を流した。

何ヵ月も涙を流して、ようやく一人前の江戸っ子となるわけだが、鳶、仕事師、駕籠《かご》屋、船頭、大工、左官などの職人、遊び人などが好んで彫った。

べらんめえの口をきき、「二本差がこわくてかばやきがくえるかえ」と力みかえった。

「江戸ものは小児のようなり、馬鹿者のようなり、甚だ初心なり、金を回すことは甚だ不鍛練なり」（『升小談《ますこだん》』）という大阪商人の見方も当然のように出てくることになる。

江戸店持ちの上方商人、江州《ごうしゅう》や伊勢をはじめとする者の経済力は、いつのまにか江戸の商業を握っていた。三井家などはその代表であり、大伝馬町《おおでんまちょう》の木綿問屋は、上方商人に握られてしまっていたのである。

職人の親方などは、武家屋敷や商店《おたな》に出入りして仕事をもらっていた。彼らはつまり、商人に従属していたのである。

「川向うのもん」とか「米搗き人」とか田舎ものを軽蔑するのも、武士と商店《おかみ》に力を握られてしまった江戸庶民のうっぷんのもって行き場所であったのだと考えられる。

強さのうらにひそむ意外なひ弱さ、竹を割ったような性格でありながら、柿の木のような弱さをもつ、それが権力に対しての抵抗を複雑にする。

フィクションだが魚屋の一心太助は、いまも映画やテレビでの人気を失ってはいない。不正を怒るとき、彼は全身を火の玉にして、「さあ、どうでもしろい」と身体を投げだす。無鉄砲でお人好しで涙もろくておっちょこちょい、つまり単純で気のよい男が、悪を向うにまわしてタンカをきる。一見、まことに愛すべき人物だが、さて、かんじんの土壇場にくると、駿河台のお殿様、大久保彦左衛門のふところにころがり込む。負け犬が主人のもとにかけ戻るような姿だ。

江戸っ子ではないが、水戸のご隠居、徳川光圀《みつくに》の家来、ご存じ〝助さん〟〝格さん〟にも似たところがある。徳川御三家の威光が、つまりは、いっさいの結着をつけるのだ。ご威光をかさにきて、というわけではないが、一心太助と助さん格さんに代表される正義感と、背景の権威とのかかわり合いは、先に述べた幡随院長兵衛と高尾太夫のネガティブな面として、江戸っ子の気風に重なっている。

▽▽▽雑種混交の中に純粋美を求めた江戸文化

粗衣、粗食は江戸の習いでもある。晴れの日の華美はともかく、日常は質素をもって旨としていた。江戸の名残りをみずからのものと実践した最後の通人、永井荷風のあの姿こそ、逆説的ないきの表現ともいえよう。

遊里でぜいたくを尽くすのも、その場限りという見栄が、庶民の質朴簡素に結びつく。ケチは嫌いながらも、キンキラキンはいきに遠いとしりぞける。つまり、日常はこざっぱりしたものが庶民の好みであった。

江戸の文化は、雑種混合のカオスのなかから純粋の美を好む伝統を作り上げたが、その気風は、維新後も変わらなかった。薩長の「田舎侍」に蹂躙《じゅうりん》されながらも、決してそれらをしいたげることなく、強靭な胃袋をもって咀嚼《そしゃく》して、新しい文化を創り出していくしたたかさを、江戸は持っていたのである。

第3章

互いに相容れぬ江戸と上方

▽▽▽京、大阪、二つの気風を形作ったもの

関東の気風は東京に代表させることができるが、関西となると、京都、大阪という二大都市、古都と商都とを無視するわけにはいかない。隣接する古い都市でありながら、多くの面で性格を異にしており、両者をいっしょに論ずるのはむずかしい。

京都人から見ると、大阪人は万事あけっぴろげで、あまりくよくよしないところがあり、必然的に前向きの姿勢で生きているように感じるらしい。気持の面では、大阪人に親近感を持ちながら、閉鎖的でしめっぽいところのある京都人は、気質の点で、かなり違和感を感じるはずである。

京都人は近江からの転入者が多く、ついで若狭、越前、加賀などの北陸、山陰人になっている。しかし彼らは、おくれて京に入ってきた人で、経済的地位も「近江商人」を除いては主流を占めることができず、末端的立場でしかなかった。

大阪人は紀州や瀬戸内海沿岸、四国などからの移住者を主体とし、さらに九州に

まで門戸をひらいている。ところが、京都は山陰や北陸のいわば出店であって、その先は常に、大阪商人に道をふさがれていた。

瀬戸内に向ってひらけた明るい海洋性の大阪に対し、京都は日本海的で、北陸、山陰型である。

江戸・東京という一つの地域に集中し、求心的に動く関東に比べ、関西は、二つの拠点をもち、楕円的な構図である。

しかし、江戸という東の代表地域の性格を述べるには、大阪のほうが対比性がはっきりしているので、本書では、京都を西の副次的な存在として、考えていきたい。

▽▽▽のれんを守る大阪人の「ど根性」

江戸も大阪もともに天領であったが、江戸はなんといっても将軍のお膝元である。江戸の町人と幕府の結びつきは、大阪よりはるかに密接であった。いわゆる御《お》出入《でいり》商人であり、御用達《ごようたし》である。

旗本・御家人には知行取《ちぎょうとり》もいたが、多くは蔵米取《くらまいとり》であった。幕府から支給される米だけでは生活が成り立ちにくいので、しばしば、札差《ふださし》から借金するはめになった。蔵米取という呼称は、現在大相撲の行なわれている蔵前に名をとどめている。

一方、大阪の商人は、支配者に対する関係に微妙な違いがあった。「御奉行の名さえも知らず年暮れぬ」とは、大阪の俳人小西来山の句であるが、彼等は権力者に対し、つかず離れずの柔軟な態度を崩そうとしない。

「刀をさすか、ささぬか、侍も町人も客は客」(『心中天網島《しんじゅうてんのあみじま》』)の言葉は、侍であれ町人であれ、支払ってくれる者は、皆お客であって、支配者に対しては受け身の立場にありながら、とるものはとる態度が一貫して流れている。

根性とか、がめついという表現が使われるが、だれもがこれを大阪人の心理と理解している。根性は辛抱に結びついて、我慢と努力につながるが、江戸っ子が刺青を我慢するような無理な姿勢とはちがう。損をするようなわが身の痛さをなるべく回避し、めだつことをせず、やがて陽のあたるのをじっと待つ、という我慢である。

「金のないのは首なしや」といわれるように、金が力の世の中、と見きわめたリア

大阪は町人の都、金融の中心だった（摂津名所図会）

リストの目こそ大阪人の根性を生んだといえよう。

「おのれの顔をつぶされた」が江戸っ子ならば、「のれんに疵《きず》がついた」が大阪商人の態度である。

芝居やテレビに、「横堀川」「船場《せんば》」「堂島」「道頓堀」を背景にしたものがあるが、そこには「のれん」をさげた商人たちの不屈の精神と、かんたんには絶望しない陽性な人間たちの生き様が描かれている。

格式と体面が商家の家訓として生きているなかで、独立もしくは成功を夢みて、いささかえげつないやり方でも、承知でやりぬいていく。これが大阪の生き方なのだ、と居直っているところに、共感を得たのだと考えられる。

江戸では三分の二が武家屋敷であったし、江戸百万の二割は武士が占めていたという。それに比べて、大阪は町人の都、天下の金融の中心であった。『守貞漫稿《もりさだまんこう》』に「大阪の盛んなるもの、豪富子銭屋、巨商元商、江戸の盛んなるもの、すべての小売店、食店、武家調用の商人および雇夫の長、酒問屋」とある。

大阪の町人は堺、伏見の町人、平野御町、阿波、江州の町人が重なる構成をなしていたが、とりわけ問屋、仲買や両替をいとなむ人々が中心になっていた。

天領である大阪は、東西町奉行がいて行政をなし、その下に与力《よりき》、同心がいたが、与力は東西三十人ずつ、同心は五十人というきわめて少人数であった。

幕末のころ、大阪城では、二の丸にさえ見物人が入ることができた。一般の庶民が城内に入れたということは、町人の力の強さと、開放的な大阪の姿をよく表わしている。

▽▽▽一度納得したら途中では投げ出さぬ大阪人

「金の世の中」という貨幣経済の原則は、相互信用であり、公平性の原則の確立である。大阪では、手形取引が早くから盛んであった。「義理がたたぬ」「男の一分がたたぬ」と、西鶴物におなじみのセリフは、信頼を裏切ることの痛苦から発しており、約束をたがえぬことこそ大阪商人の美徳であった。江戸っ子の「宵ごしの銭を持たぬ」心では、いつ「相手に迷惑」をかけるか、知れたものではない。投機性の強い商いでは、手形は安心して受け取ることができない。計画性と信用があってはじめて成立する商行為なのである。

海保青陵《かいほせいりよう》が、「大阪の金は江戸とちがいて皆代物《しろもの》なり、つかうてはならぬ金なり」といっているのは、「金は天下の回り物」という居直り的な発言に一見似かよっているようだが、基本的な考え方に違いがある。つまり、経済の流通性を見ぬき、「のれん」を大切にする心を説いている点であり、金を支配して、金に支配されるな、という心がけが一貫して大阪には流れているということである。大阪人は、とかくがめついように思われているが、必ずしもそうではない。十町追いかけて追いつかなければ、それ以上深追いはしない。思い切りのよさというか、無駄なことに対する見きわめのよさも持っている。

大阪人の商売に徹する態度は、家訓にもよく表われている。江戸末期の蘭学者、渡辺崋山（一七九三〜一八四一年）がある商人に依頼されての文章があるので、引用する。

一　まず召使いより早く起きよ
一　十両の客より百文の客を大切にせよ
一　買人が気に入らず、返しに来たならば売るときより叮嚀《ていねい》にせよ
一　繁昌するに従い、益々倹約せよ
一　小使は一文よりしるせ
一　開店の時を忘れるな
一　同商売が近所にできたら懇意を厚くして互にはげめよ
一　奉公人が出店を開いたら、三ヵ年は食扶持を送ってやれ

現代にも通用する至言が多い。金をため込むだけが能ではない。商人道徳を持って生きよ、ともに商いに励め、信頼の上に立て、という教訓がにじみ出ている。

総じて上方の者はねばり強いが、気が小さくて、慎重でもある。江戸っ子のように、火中の栗をひろうような大胆なことはしない。こつこつと仕事をし、仲間はずれにならぬよう、人にそしられぬよう、気をくばり、義理に欠けぬように生きてゆく。

反面、意外な強さをみせることがある。江戸っ子は話が終わらないうちにかけ出すところがあるが、大阪人は一度納得したら、途中で投げ出すことはしない。算用を重んじ、万事につじつまを合わせながら、ぎりぎりのところで「なんぼや」ときめつける。このかけひきのうまさが、しばしば誤解されるゆえんなのである。

▽▽▽海洋型の思想が育んだ大阪商人の豪胆さ

　　エライコト出来ましてんと泣きもせず

といった川柳は、すぐ気をとりなおして立ち上る大阪人の根性をよく現わしている。死んだ子の年を数えたってしゃあない、というのである。

単に小心な倹約精神だけではない大阪商人のこの性質を考えるとき、瀬戸内沿岸に住する者としての風土性を無視するわけにはいかない。瀬戸内海は西に向かってひらき、九州から大陸への海の道がつづく。そのため、通商の便がよく、外部からの力に絶えず触発され、停滞を許さない。西日本は海上商業を主体とする地域であり、制海権をもったものが支配者たる資格をもつ。神功《じんぐう》皇后、平清盛、足利尊氏、足利義満、織田信長、豊臣秀吉、彼らはすべて水運、それも海運とともにあった。

板子《いたご》一枚下は地獄という言葉があるが、海の男は常に、生命の危険に身をさらしながらも、あえて危険に立ち向っていく。彼らは一カ所に固定せず、天候と季節に支配されながら、人智の限りをつくして、豊かな宝を陸にもたらす。それには、船の構造について熟知し、強靭な体力と豪胆な気力、そして細心の神経とを持ち合わせていなければならない。そのうえ、何にもまして大切なのは、チームワークである。独断と偏見が、いつ全体を危うくするかわからない。荒い波を前にしては、常に一同団結して、難局に対処しなければならない。

仮に彼らを海賊にたとえれば、それと対比されるのが山賊である。

山賊は、人里から離れていて、しかも、町へ通ずる要路でもある道に多く出没す

海賊と山賊

る。人が通らなければ話にならないし、田舎道で農民を襲っても、ろくな品物があるわけではない。

山賊はだいたいが一カ所にいて、いわゆる待伏せの体勢をとる。相手に気どられぬまま、突然ぬうっと現われる。相手が徒党を組んでいて自分たちより優位であると見えれば、そのままやりすごす。無謀な挑戦は、よくよくのことでなければ行なわない。

場合によっては、危険に身をさらしてまで、強奪することも確かにあっただろうが、だいたいにおいて少なかったらしい。

海賊に比べて、山賊は固定的であ

り、計画性よりは偶然性に依ることが多く、技術、知力の開発はさして求められないといえる。言ってみれば、土地にしばられた農民的性格をもつ、この一種の保守性が山賊の特徴であるともいえる。

これに対し、積極性をもった海洋商人にとっては、偶然に始まった取引を、恒常的なものとして進展させ、共通の利益につながる合理的な経済原則を確立させる必要があった。

純海賊的な、武力による威圧や、「ベニスの商人」的な猜疑的な方法では、次の取引はできない。

紀伊國屋文左衛門に代表される豪胆な商売は、海洋型商人に共通して流れる思想で、遠くアジアの南方に源流を求めることができる。大阪人の気風は、いわばこの思想と、もう一人の成功者、鴻池《こうのいけ》善右衛門の倹約精神とが複合し合ったもの、と考えることができる。

▽▽▽江戸と上方の悪口合戦

「むさい（武蔵）国のへどじゃ」と上方の者が江戸の人間を馬鹿にすれば、一方は、「上方ぜえろく」とやり返す。上方の才六《ぜいろく》、つまりけちん坊という意味である。「東男に京女」と併称して、自尊することもときにはあるが、相手をけなすことに夢中で、江戸と上方は何かにつけて仲がよくない。

「忠臣蔵」の高師直《こうのもろなお》が、「東夷《あずまえびす》の知らぬことだわ」とにくにくしげにいうのは、都《みやこ》風の風流を解さない関東の野蛮人め、という蔑視に発している。「京大阪は江戸の引出し」と、相手の実力をおとしめるようないい方もある。

先方を負かすには、相手の武器と弱みを知らねばならない。毒にも薬にもならないような悪口のいい合いの中にも、自然に両者の特徴が出てくるものだ。「江戸ぜえろく」では的はずれだし、何もいっていないことになる。江戸と上方の悪口合戦は、風俗、習慣のちがいから気風のちがいをおのずと引きだし、その対比を通して、歴史の「なま」の姿を見ることができる。

式亭三馬の「例之酒癖一盃綺言《いっぱいきげん》」（文化十年・一八一三年）のうちの「無益の事をあらそう酒癖」で、酒ぐせについて面白いやりとりがある。

江戸っ子「ハテ、まあのみなせえ。京の酒ときたら、いくらのんでも酔はねえぜ。水をのむような酒だものを。そのはずだ、江戸で一升買う値じゃあ、三升も買えるだろう」

上方者「なんぞいうてかいな。あほらしい。京都じゃとて、そないに悪い酒はのませんがな。あれでも、一升が一匁《もんめ》五分《ふん》の上酒じゃ」

江戸っ子「それ見たか。江戸じゃあ一升二百五十の酒はふせうちだ。おいらがのむ酒は三百三十二文だ。おめえがたの二升と、こっちの一升とかけ合うものを」

薄い、安い酒を飲む上方のケチをけなして、安酒を飲まない江戸っ子の気風を対比させている。薄い酒のことを「村醒《むらさめ》」という。村を出てゆく間には、もう酔いがさめてしまう水っぽい酒のことである。落語には「ジキ醒《さめ》」という言葉が出てくるが、これは飲んでいるうちからさめてしまう酒のことをいう。

京都では、一升一匁五分が上酒だという。江戸では一升二百五十文は下の酒で、三百三十二文でないと承知しないとしてある。一匁五分は銀だての価格表示で、二百五十あるいは三百三十二文というのは銭《ぜに》だての価格表示である。京都において一升は銀一匁五分の酒を二升買える価格、三百三十二文を払って江戸では飲んでいる、という自慢の話である。

江戸の豆腐一丁の大きさは大阪の四倍あった

灘、伏見という酒の本場での啖呵《たんか》であることを考えてみれば、ここは倍出しても味の濃い酒を飲む姿勢に、調子がよく、にくめない江戸っ子の姿が浮かんでくる。

天保六年（一八三五年）の述作とみなされる「街《ちまた》の噂」（畑銀鶏《はたぎんけい》）に、豆《とう》腐《ふ》の比較が出てくる。

「モシ、こちらの豆腐はあれで一丁でござりヤス」

「一丁には大分小さうござりヤスネ」

「江戸の半丁よりも、まだ小ぶりで有やす。其替《そのかわり》には、あれで十二文でござりやす。江戸の一ッ丁は六十文、半丁が三十文、小半丁が十五文でありやすが、此方《こちら》では半丁、小半丁というは売りやせん」

「なるほどそれでいい譯《わけ》がありやす。此方の一ッ丁というのが江戸の小半丁でありやすから」

江戸の豆腐一丁の大きさが大阪の四倍あったことがわかる。そのかわり、半丁、小半丁という小きざみな売り方が江戸にはあったこともわかる。

八百屋についても書いている。

「こちらの八百屋では、茄子《なす》、白瓜《しろうり》、芋《いも》、大根の類い、何によらず、一山っつわけて、これで何程《いくら》という札をつけて置やすから、買に至って重宝でござりヤス」

一山いくらという、いまならどこでも見られる売り方のもとは大阪だったということになるだろう。百文でいくつ、何把《ば》で何文というような便宜が江戸にはなかったようである。

時刻の合図についても、江戸では夜、拍子木を打ってまわって歩いたが、大阪は太鼓を打ってまわり歩いた、などという話がとどめられている。

畑銀鶏は、いずれかの優位を説いているのではなく、風習の差違のおもしろさをいっているのだが、これにしても、まかりまちがえば相手を馬鹿にする口実を提供しているといえなくもない。

「江戸の豆腐はなア、大阪の四倍もあらア」

と、一方が威張れば、「買いやすく、食べやすいのがうちの身上でっせ」と軽くいなすにちがいない。

どちらが勝ちといった性質のものではないが、多かれ少なかれ、この種のへりくつに根ざした自慢は多いものだ。

▽▽▽言葉への理由なき劣等感を煽るのは誰か

落語に「錦明竹《きんめいちく》」（金明竹ともいう）という話がある。通人や茶人のみが理解できるような道具、器具、刀剣などを、留守をあずかった女房がとりちがえるおかしさを語ったものだが、そこには大阪者の言葉づかいを笑いのめす一面もこめられている。

「こりゃあ、かなわんな、では、これ一度かぎりでっせ。わてはなあ、京橋中橋の加賀屋佐吉方から参じましたが、せんだって中買の弥市をもって取次ぎました道具七品《ななひな》、祐乗、光乗、宗乗、三代のみところもの、なか身は備前長船《おさふね》の住則光《のりみつ》、横谷宗珉《そういん》四分一ごしらえ小柄《こづか》付きの脇差、柄前《つかまえ》はたがやさんじゃというてでごわりましたが、ありゃあ、うもれ木で、木がちごうておりますさかい、ちゃっとおことわり申しておきます。(以下略)」

これを早口で大阪弁でしゃべりまくる。わからないから何度もきく。きいている者が話をとりちがえたりするこっけいさとともに、大阪弁のアクセントのおかしさを笑いとばす。考えてみれば、これは理由のない優越感である。言葉はその地域の歴史に根ざし、文化の根底として、発展してきたものである。

この種の理由のない優位性が、狭い島国である日本のなかに存在し、おのれを尊しとする独善性をはぐくんできた。東北出身の者が東京や京、大阪の都会に出ると、独得のズーズー弁に劣等感を抱く。ふだんでさえ寡黙がちな彼らが、ますます自閉的になり、口数がいっそう少なくなる。ひいては言葉だけでなく、非社交的な性格をも助長してゆく。たしかに理不尽なことではあるが、一方の優位性と一方の劣等感とのぬきさしがたい対比が、厳として存在してきた証左でもある。

九州人は、それほどには言葉に劣等感をもたない。維新後、勝者として東京にのり込んできた事実と、南国的な陽性がそうさせているのであろう。彼らが同郷人とともに数をたのみにしているときや、酒席上などでは、必要以上に「おいどんが」とか「ばってん」といった言葉がとび交う。

「言葉」については後でふれるが、このような、いわれのない東西の対抗意識に対して、江戸と京、大阪の文化の根源について思いめぐらすことは必要だ。

第4章

食べ物に見る東と西の相違

▽▽▽食い道楽の本場を争う関東と大阪

「京の着倒れ、大阪の食い倒れ、江戸の履き倒れ」とのいい方がある。「堺の建て倒れ」ともいう。これはまた「関東の食い倒れ、上方の着倒れ」ともいって、諸説が入りまじり、よくわからない。しかし、あれこれ考え合わせてみると「京の着倒れ」「江戸の履き倒れ」ということに落着するようだ。

食うことについて、大阪はことのほかに熱心である。船場《せんば》では、「朝カユや昼一菜に夕茶漬」というほどに粗食を常としている一方、晴れの日には特別にぜいたくな食事をした。

江戸っ子が初物の珍しさやイキのよさに血眼になっている一方、上方では旬《しゅん》のものので最もおいしいものを、安く、大量に、風味がそこなわれないように食べてきたといえよう。

煎じつめれば、単に、食べるという生存本能に根ざした行為にすぎないのであるから、いずれが美味であるかを論じたところで、どうしようもない。問題は、素材をどのようにあしらい、どのように生かして味わったか、そこにみられる東西の質の相違ということである。

西のうどん、東のそばには、はっきりした違いがある。うなぎの焼き方も、関西はそのまま焼くが、東京ではいったん蒸してから焼く。この境界は岐阜県あたりらしいが、とにかくはっきりとした違いがある。

▽▽▽江戸の成金は味を問わない食道楽

食文明が開花するのは、明和、安政より文化、文政のころからである。江戸の初期には料理屋の名も文献にはあまり見当らない。享保なかばごろから、両国橋のたもとや深川、洲崎、芝神明《しんめい》などに茶屋が出はじめる。

江戸時代は、武家よりも町人のほうがぜいたくな食事をしていたようだ。ことに元禄以降は金銀が富商たちに集まってしまい、多くの武士たちの生活は質素なものになっていった。

近江、膳所《ぜぜ》六万石、本多家の重役の一人が、夕飯の膳についた食物を書きのこし

ているが、

大根のなます
しいたけととうふの煮物
香の物に吸物

と、これだけがある日の膳のすべてである。下級武士となればさらにひどかったろうし、戦国時代はさらにそうであったろう。

徳川中期、佐竹角館《かくのだて》支藩（秋田県仙北郡）の中級以下の武士（百石以下）の家例食が出ている。季節ごとの祝日、法会《ほうえ》、縁日、冠婚葬祭の日の食事がある。

正月元日　雑煮、ブリコ（ハタハタの卵）、カズノコのひたし、黒大豆、コンブ、カヌカ（塩蔵きのこ、ひらたけ）　昼は大根汁。

正月七日　七草として干鰯、コンブ、マツモ（海藻）、カヌカ、にしん、干納豆などを粥にして朝に食した。

正月十五日　アズキ粥
正月二十七日（小正月）としとりの餅をつき、ブリコ、カズノコ、アズキで餅を食べる。
二月七日　アズキめし
三月三日　アズキめし
七月七日　朝にアズキめし
九月九日　アズキめし、菊酒
十二月九日（大黒さまの日）大豆めし
十二月三十一日　昼は大根と干ワラビ汁、夕食はすし、ハタハタとナマス

ところで、明治以前は牛肉を食べなかったとの説があるが、元禄の大石内蔵助《くらのすけ》は牛肉が大好きであった。近江牛の味噌漬をとり寄せ、これを金網で焙《あぶ》って食べたという。友人への手紙にも、たいへん栄養に富む美味いものであるが、せがれの主税《ちから》などに食べさせると、精がつきすぎてよくない、などと書いてある。

それはさておき、江戸の盛期には、太田蜀山人《しょくさんじん》が「一話一言」の中で、「五歩に

江戸の食道楽はスケールが違う

一楼、十歩に一閣、皆な飲食の店ならずということなし」といったことを書いているのをみても、江戸の食道楽ぶりが知れる。

通人が初鰹のために大金を散じ「花より団子」といった食い気を発揮したりもした。

みかん成金の紀伊國屋文左衛門が、吉原での遊興の際、何やら家をこわすような騒ぎがして、やがて彼の前に友人からだと、大きな台付の折箱が真田《さなだ》紐《ひも》で結ばれて運ばれてきた。中には、とてつもなく大きな饅頭《まんじゅう》がただひとつ。おどろいて、これを割ってみると、中には無数の小饅頭が入っていて、一同びっくりという次第。

この饅頭の費用が七十両、これを蒸すための道具をすべて新調し、運び込むために家の格子から二階の上り口をこわし、それを大工数十人でもとのように修繕させたが、それらの経費は饅頭代金の数倍したというから、史上最高価の饅頭であったろう。

また、二世奈良屋茂左衛門（通称奈良茂）が吉原で友人の相方に会いにゆくとき、わずかに、そばを二箱だけ持たせた。それがあまりに少ないので、その友人がさらにそばを注文したところ、吉原はもちろん、山谷田町などの付近一帯のそば屋は全部買い切られてあり、どこにもそばはなかった。たった二箱のそばが、その日江戸で唯一のそばで、貴重品とされたのである。

これらの話は、豪商たちのスケールの大きさをはかる話として知ることができるものの、いや味があって好感がもてない。食物を遊戯化し、味の良否を問わない成り上り者の悪趣味としかいいようがない。

▽▽▽茶懐石の味を重視する関西料理の伝統

浅草山谷橋に八百善という有名な茶屋があった。あるとき、酒食にあきた数人の通人どもがこの八百善にきて、茶漬を注文した。半日も待たされたあげく、ようやくかぐやの香の物と煎茶と飯が出て、やっと空腹を満たすことができた。代金をきくと、一両二分だという。いくらなんでもそれは高い、と文句をいったところ、亭主が現われて、決して高すぎはしない、香の物は冬に珍しい茄子、きゅうりを使い、茶は宇治の玉露、米は越後米の一粒選《よ》りを使ったのはともかくとして、いちばん金を要したのは、その茶に合う水のために、早飛脚《はやびきゃく》をもって玉川上水の取水口（羽村）から運んだから、決して高すぎることはありません、という話。客も、さすがは八百善だと感心して帰り、いよいよ八百善の名も高まったという。

しかし、この有名な話も、八百善八代当主である栗山善四郎氏は、最近その説を訂正して、次のようにいっている。

玉川上水の話はうそであって、綾瀬川の上流（隅田川上流）が正しい。八百善の別荘が隅田川のほとりの石浜というところの橋場にあった。客がそろうと、新しいきれいな荷足船《にたりぶね》に新しい杉の桶をのせて、船頭が二人ぐらいのって、綾瀬川の上流に水を汲みにゆき、その水で濡し釜をかけ、ご懐石を出し、その水の湯で茶をたてたというのが正しいのだという。

大げさすぎる話であるにしても、食通といわれる者が現われ、食道楽の快楽主義が生じた様子を知ることができる。

こんなべらぼうな話は京、大阪にはない。がいして関西は控え目であった。「左様の食味に金銭を費すものは多くは相応の身元」のものすることであって、着ている衣服まで脱いで初物などに手を出したりするような江戸風は、「絶えてあらざるなり」といっている。

京、大阪では多くをむさぼらず、値段のことは、やかましくいう。皿も鉢も大ぶりなものを用いず、小さく盛る。食えないものまで供することがない。分量が少なければ当然安上りにつく。魚の頭や尾は決して捨てたりせず、だしに使ったり、惣《そう》菜《ざい》にしたりする。

江戸では大皿や鍋に大きく盛る。そして女中が、客の数だけに盛り分ける。万事が大ぶりで、少ないことはけちといやしむ。

上方料理は茶式であった。茶席では、手をつけたものは全部食わねばならないしきたりであるから、どうしても少なめにならざるを得ない。

関東はいかにも男性的な味覚や料理方法を好み、上方は女性的な繊細さを好んだ。関西料理は自然の風味を生かして作る。京都料理は材料のもとの味をひき出して、そのエッセンスを提供しようとする。京都に加工料理が発達したのは、海とへだてられた土地柄だったからである。

江戸の料理は、本膳料理、腰かけ料理、会席料理の三つに分けられる。

本膳料理は、大名を中心に武家の間に行なわれた。

会席料理は、天保のころから京都の有職《ゆうそく》料理、茶懐石、本膳料理が合体して発達し、宴会用料理として変化したものである。料理を楽しみながら味わう遊びの食事ができるのは、この頃からである。

一方、芝浜などの魚の取引場や吉原を控えた浅草などには屋台店が現われ、それとともに、かんたんな茶屋も多く出るようになって、腰かけ料理が発達する。すし、かばやき、天ぷら、そばなどの気軽な食べもの屋の発達はここに源を発している。

京、大阪の富裕な商人たちは、茶道の流行によって、茶懐石による、繊細微妙な味わいをよしとする料理を第一とした。大人数の宴会ではない、気心の知れた仲間うちの食事である。懐石は茶器道具に趣向をこらし、名品や珍しいものを使い、「すき」の美意識をあそびの中に発達させた。

馳走《ちそう》とは、韋陀天《いだてん》が馳け走って材料を求めることで、苦心のふるまいをもってもてなすことから「御馳走」という言葉が生まれた。現在の関西料理は、基本的には茶懐石の味を第一とする考えを受け継いでいるといえよう。

関西は瀬戸内海の豊富な魚類にめぐまれ、さらに若狭や越前などの日本海ものが加わり、淀川平野の野菜の味を生かして、独特の味覚をつくり出した。

こんぶのだし、薄口しょう油、漬物など、「地のもの」「旬のもの」をたいへん大事にしてきたのである。

江戸では、江戸前といわれる東京湾でとれた魚介類、つまり蛤《はまぐり》、鮟鱇《あんこう》、ネギマといった鍋物が発達し、辛口しょう油を好んだ。天ぷら、そばもそうだが、江戸は即席料理によって、味覚をつくりあげているのである。

▽▽▽赤身と白身――江戸と大阪の魚の愛好ぶり

江戸市民生活が味覚において最高潮に達するのは、元禄の上方文化が江戸に流入して醇化され、江戸が日本文化の中心となる文化、文政のころである。この時期に、江戸の味が完成したようだが、すしや天ぷら、かばやきにしても、いわゆる江戸前といって、東京湾からとれる魚を主体にしていた。たとえば、うなぎについては、品川の輪のうちに落ちたものや、大川（隅田川）河口のものを第一とし、江戸川産などのものは〝場ちがい〟と称して低いものとされた。つまり、初鰹に対して狂的ともいえる好みを示したように、なにはどこそこのものに限る、といった趣向がここでも発揮されたのである。

佃島《つくだじま》の白魚《しらうお》、深川の剝身《むきみ》（はまぐり、青柳《あおやぎ》、あさり、赤貝など）、大森ののり、業《なり》平《ひら》橋のしじみ、江戸川の鯉《こい》、江戸前の小魚といったものがそうで、野菜にしても、関口、目白、早稲田、高田、渋谷のみょうが、鳴子、砂村のうり、板橋のしょうが、亀戸《かめいど》の大根（のちに練馬も）などであった。さらに銚子のあじやいわし、利根川の鯉や川えび、近郊のどじょうなどが食卓を賑わしていた。

魚の好みについていえば、江戸と大阪でははっきりしたちがいがある。いまでも大阪では鯛と鱧《はも》を珍重し、よく食べる。初鰹を好む江戸に対して、大阪では旬のものを愛好する。しゃこは大阪の人はまず食べることがない。

江戸でも、鯛は「めでたい」といって祝儀につきものであり、珍重され、また大阪でも食べられる。

津の国のなに五両せん桜鯛

花の過ぎたころ、海を島のように埋めつくすほど桜鯛が群遊してきて、この時期の大阪は「鯛の都」になってしまう。瀬戸内の海は安芸、周防の桜鯛とともに、明石の鯛をもっとも名高いものにした。

「里見八犬伝」の著者、曲亭馬琴（一七六七〜一八四八年）は享保二年、江戸を出て、京、大阪に遊んだ折り、「大阪にてよきもの三つ、良賈《りょうこ》、海魚、石塔、あしきもの三つ、飲水、鰻、料理」（『羇旅漫録』）と記し、大阪の海魚を早くから賞している。ついでに、京都については「味よきもの、麩《ふ》、湯皮《ゆば》、水菜、うどんのみ、その余は江戸人の口にあわず」ときびしくきめつけている。

鯛とならぶ鱧《はも》については、とにかくこれがなければ夏祭りができない、とまでいわれる。

大阪の祭りは、ほとんどが夏の祭りで、七月という月は、九日の「生玉《いくたま》はん」から三十一日の「住吉さん」まで、毎日どこかで神楽《かぐら》、太鼓、だんじりの音のしない日はない。そのクライマックスが二十四、五日の天神祭りである。これにぴったりくるのが鱧であって、おとしといわれる牡丹鱧《ぼたんはも》は、ちり造り、てり焼がその料理法だ。おとしとは、骨切りした身に吉野葛《くず》を、その庖丁目へまぶす。椀のふたをとると、この切り身が澄《すま》し汁の中に、白牡丹のようにゆったりとひろがっている。また鱧の皮のうまさは、大阪の味そのものといえそうだ。鱧は小骨が多いので、骨切りがむずかしく、関西の板前でなくては料理できないとまでいわれている。関西の蒲《かま》鉾《ぼこ》は鱧を材料にしたものが多く、その白い肌がいかにも鮮やかである。

このほか、関西人の好む魚として、さば、ぼうだら、あなご、きす、たちうお、さごし、いな、ぐじ（甘鯛）がある。だいたいが白身の魚で、江戸の者にいわせれば、病人の食事を思い出す、とけちをつける。赤身の魚を食べられるのは元気もんというわけである。

白身の鱧に対して、関東では鮪《まぐろ》が思いうかぶ。鰹とともに、いかにも威勢のいい魚である。関西で鮪は「初の身」といい、ハツとよんで馬鹿にしてあまり食わなかった。関東でも下司魚《げすうお》といわれ、珍重はされなかったが、庶民の間には根強い人気があった。山東京伝は、「鮪のさしみ」という言葉を用いているから、天明のころには鮨につかわれていたようだ。しかし、「延享《えんきょう》の初頃はさつまいも、かぼちゃ、まぐろは甚だ下品にて、町人も表店住の者は食する事を恥る体也」（江戸風俗話）と書かれているのをみても、鮪が上等の魚でないことがわかる。

鮪を食べるようになったのは、天保以後のことである。天保の津波で海の様子が変わってしまい、どういうわけか鮪がたくさんとれるようになった。冷蔵庫もない当時のこととて、すし屋に「使ってくれないか」ともち込んだところが、「そんな下品なものは食えない」とことわられる始末。たまたま馬喰《ばくろ》町の恵比寿寿司というのが試みに出してみたところ、けがの功名で、これがけっこういける。それ以後、寿司に鮪を使うようになったのである。それでもトロ身はめったに食べなかった。

トロが現在のようにもてはやされ、値もはなはだしく高価になったのは、大正末から昭和の初めごろからである。したがって、明治、大正までの寿司の鮪は、盛り付けのときでも奥のほうにはおかなかった。奥は白身の魚で、赤身の魚は玄関番のようなものであった。いまでは値段のこともあって、トロはいちばん奥座敷に座っている。

鉄火巻なども明治になってからできたものである。

「ネギマ」は「ねぎまぐろ」の略で、だいたい関東の職人が好んだ。

▽▽▽東京の「うな丼」、大阪では「まむし」

「うなぎは和食か」、「養殖だ」という小話がある。利根川のうなぎが最上とされていたが、現在は浜名湖に代表されるようになった。それでも「天然うなぎ」とわざわざ看板を掲げているのをみると、やはり自然のものには、捨てがたい味があるようだ。

うなぎの蒲焼は、まったく日本独特の味で、西洋料理にはこのようにうなぎから

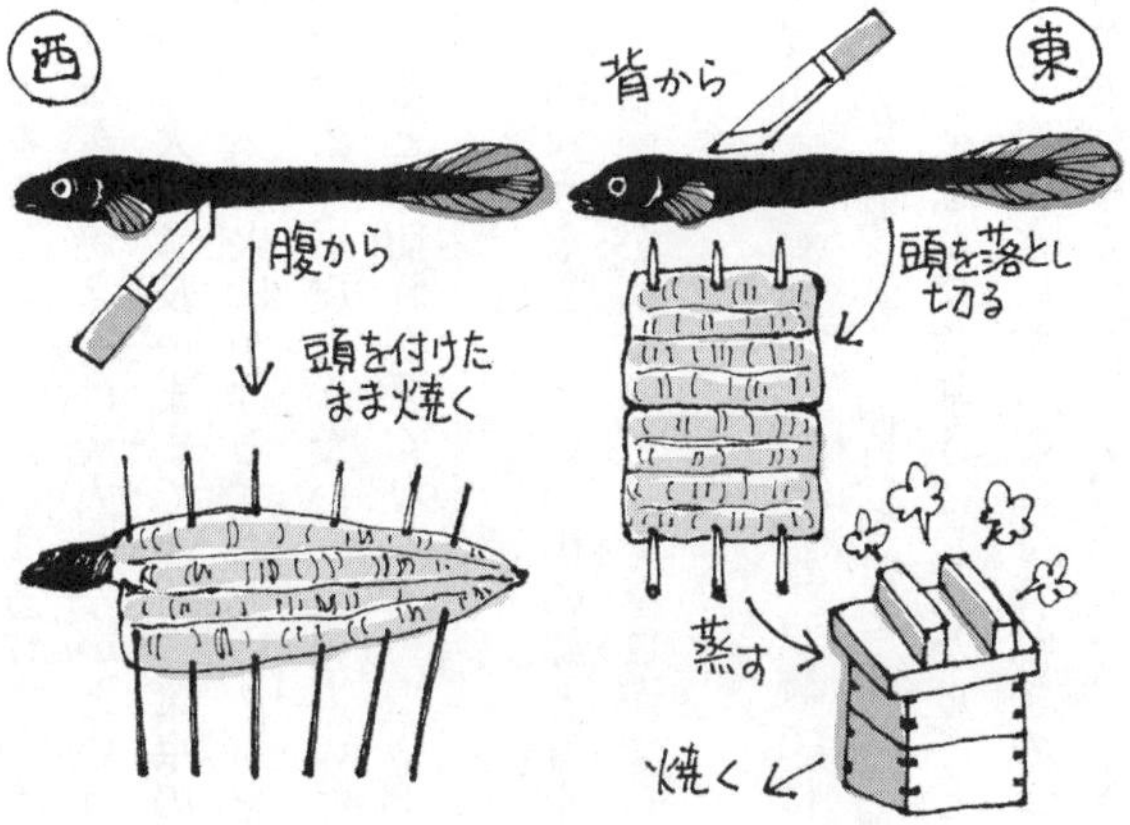

江戸では切腹を嫌って鰻を背から開くようになった

複雑な味をひき出した調理方法はない。うなぎ料理といっても、皮をむいて輪切りにしたスープで、油がぎらぎら浮いていたりして、日本人の口にはまず合わない。

うなぎは『万葉集』にも出ており、大伴家持《おおとものやかもち》が夏痩《や》せによいと詠んでいる。ムナギといって「胸黄」からきた名で、のちにウナギとなった。

蒲焼というのは、江戸の初めごろ、筒切りにして縦に串をさし、焼いて味噌を塗ってたべたが、その形が水辺に生ずる蒲《がま》の穂に似ていたところからつけられた名であるといわれている。のち、江戸中期以後、骨を抜いて「大蒲焼」となり、いまの形のようになった。

うなぎの焼き方は炭火でないといけない。東京では焼く前にすでに身を切っているが、大阪は長いままで焼く。東京の蒲焼は、いったん焼いたうなぎを蒸し、さらにもう一度火にかける。大阪はタレをつけて焼くだけである。いわゆる長焼きで脂肪がつよく、皮もかたい。東京ものは舌にのせるとどろりととけるが、大阪ものは冷めると歯切れが悪くなる。

あなうなぎいずこの山の妹《いも》と背《せ》を
　さかれてのちに身をこがすらむ

蜀山人の狂歌である。東京流では、まず頭を落して背から割く。大阪流は妹（腹）から割くが、頭はつけたままで焼く。江戸は武士の町であったから、腹を切ることを忌んで背割きにしたからだという。腹割きのほうが調理の手間は早い。しかし、串焼きにするのには背割きのほうが都合がよいらしい。腹をはぐと腹にある脂が失われてしまうが、その分、蒸さないでそれを補うのかもしれない。

うなぎ丼のはじまりは、文化のころに、堺町《さかいちょう》（現・日本橋人形町）の芝居の金《きん》主《しゅ》、大久保今助《いますけ》という者が大のうなぎ好きで、芝居小屋へゆくのにもいつも持ってゆくのだが、蒲焼はすぐに冷めてしまう。それで、豆腐のから（きらず、おから）を熱く煎って重箱に入れていったのだが、ある日、炊きたての飯の中へ蒲焼を入れていった。これだと冷めないし、飯もいっしょに食える、一石二鳥というわけである。

これを商売としてはじめたのが、日本橋葺屋町《ふきやちょう》の大野屋で、「元祖鰻めし」の看板をあげていた。

大阪はうな丼のことを「まむし」という。気の早い東京もんが、「大阪ではマムシを食べる」とおどろいたが、これはうなぎを飯にまぶして食べるからなのだ。江戸風は、うなぎをご飯の上にならべるが、大阪では、うなぎを切ってご飯の中に入れ、ダシをたっぷりかけて、まぶした形にしてある。「まむし」の美味い食べ方は、丼のふたを両手の親指で押え、さかさまにしてから、シェーカーを扱う要領で数回振って、丼の中のご飯にダシ（大阪ではタレではなくダシという）がまんべんなく浸み込んでから食べる。なりふりかまわぬ大阪的な発想である。

具を上にならべる調理法は、「ちらし寿司」の場合にも見られる。大阪の「ぬく寿司」では、穴子や栗などが飯の中へ埋め込まれている。東京の現実流、大阪のお楽しみ型といえようか。

大阪ではうなぎの頭のことを「半助」という。切りとった頭をのこしておき、赤貝、焼豆腐などといっしょにぐつぐつ煮て食べる。冬の料理として、とくによい「おばんざい」（惣菜のこと）となる。

昔、一円のことを円助といった。五十銭なら半助である。うなぎの頭を半助とよぶのは、当時、一山五十銭で売られていたからという。上品に「うずら」という人もいるが、うなぎの面《つら》だからうのつら、つまり、うずらとなる。

このころは、焼鳥風に串ざしにして売っているが、「かぶと」といって、酒のさかなにちっといける。かぶとも、つまりは頭からきたのだろう。

最近はうなぎの蒲焼もしだいに江戸風になって、生粋の関西風の、手間ひまかけてじっくり焼くやり方は、はやらなくなったようだ。

▽▽▽「天ぷら」の名を江戸に広めた山東京伝

山東京伝のところに、大阪からかけ落ちしてきた利助《りすけ》という男がきて、
「江戸は野菜の揚げ物ばかりで、魚の揚げ物はまだ誰もやっていないので、ひとつ夜店でやってみたいと思う。ついては店の行燈《あんどん》に気の利いた名をつけていただけませんか」

というので、「天麩羅」と書いて与えた。彼は家をとび出した身の上、いわば「天竺浪人」である。それがふらりと江戸へ出てきた。だから「天ぷら」なのだ、という説が、京伝の弟の京山が書いた『蜘蛛《くも》の糸巻』に出ている。

別に説があって、安土桃山時代に、キリシタン宣教師が魚粉をまぶし、油でいためて食した南蛮料理の一種で、そのラテン名をテンポラといったからだともいう。テンポラとはカトリック教の精進の期間という意味である。

あるいはポルトガル語のテンペラードから出たもの、ともいわれている。

もともと魚にころもをつけて揚げるのは西洋料理に近い料理法であるから、南蛮

渡来の説が有力といえよう。しかし、いずれにしろ「天ぷら」の名を江戸に広めたのは京伝であったといえる。

「天ぷら」はえび、穴子、貝柱などにゆるく溶いた小麦粉をころもとしてつけ、油で揚げたもので、京阪に生まれ、江戸で発達したものであり、野菜を揚げたのは「精進揚げ」または「あげもの」といわれて区別していたのだが、いまはいっしょに呼ぶようになってしまった。

江戸前の小魚を主体に発達したこの天ぷらも、最近ではすっかり上方風になってしまった。江戸の天ぷらは今風に高価上品ではなく重厚な味のするもので、ごま油を使用したから、こげ茶色に揚がっていた。白っぽいさらりとした味は、棉実油《めんじつゆ》やサラダオイルを使用する大阪流のやり方である。もっともこってりした赤味がかった天ぷらであったという話もある。

天ぷらは、元来、かごかきや車引き、丁稚《でっち》などが、夕方、立ち食いしたところからはじまったといわれるほどだから、気軽な食べものであった。天ぷらの匂いがただよってきて、腹の虫がなり、思わず飛び込んで、空腹をいやしたものであろう。それが、いつしか、おそらく、昭和の初めごろからお座敷天ぷらにかわり、塩やレモンをつけて食べるようになった。立ちぐいから腰かけへ、そしてお座敷へと、天ぷらは格をあげ、値段もあがっていったのであろう。

天ぷらのよしあしは、何といっても油にある。菜種《なたね》油の中に二割くらいの胡麻《ごま》油をまぜると胡麻《ごま》油とかわらなくなる。そこから「ごまかす」という言葉が出た。

▽▽▽すしの代名詞となった「江戸前」の握りずし

このごろの大阪は、おすしといえば「江戸前」の握りずしになってしまった。たびたびくり返すが、「江戸前」というのは、東京湾でとれた魚を使った魚料理を意味していたが、いつのまにか「江戸風の料理」となってしまったようだ。山陰の海や五島列島の海でとれたものまで「江戸前料理」という看板を掲げている。

一方、東京でも大阪風の箱ずしやのり巻、鯖や鯛の押ずしなどが喜ばれている面もある。

もともとすしは、江戸前、上方風を含めた三種類に大別できる。動物、魚介、植物などを放置して酸味を出させる自然発酵によるもの、酢を材料と飯に与えてまぜるか、飯の上に置く散らしずし風のもの、そして今風の握り寿司である。

もっとも古くからできた自然発酵のすしは、近江の源五郎ぶなを扱ったふなずしや紀伊半島の熟《な》れずしにその名残りをとどめている。炊きたての熱い飯を加えるのは、その飯を食べるためではなく、発酵のためであるから、食べるときは飯をはらいおとす。

人工酢は約四百年前に発明され、すしを早くつくれるようになり、一夜漬けのすし、早漬けのすしが生まれた。これが、魚介といっしょに飯を食べる散らしずしである。

握りずしは、およそ百五十年前あたりからはじまった。握りずしは江戸で創始され、「江戸前」といわれたが、これは大正以降のことで、江戸時代の江戸前は、うなぎの蒲焼に多く使用されていた。

大阪のすしは「酢」と書き、東京は「鮨」と書いていた。大阪のすしはもともと「押しずし」「箱ずし」であり、これは四寸角ほどのわくの中で、鯛、いか、えび、穴子、玉子の厚焼きなどを飯の上にのせて押したものである。いわゆる「大阪ずし」とよばれるものがそれである。大阪のすしはすし屋で食べるものではなく、持

すしは3種類に大別できる

ち帰って食べるためのもので、ひと晩ぐらい置いたほうが、かえって味がよくなる。客席を持たないすし屋が格調が高いとされており、店では食べさせず、もっぱら土産用としていた。

大阪湾で一本釣りであげられた小鯛の「雀ずし」はことのほかに美味で、淡紅色《たんこうしょく》の小鯛の肌が美しい。えびとさよりの桃山ずし、さばの宇の丸ずし、吹きよせという名の大阪風ちらしなどが独特の味をかもし出している。

また京都では、山陰の海でとれたさばを材料にして、昆布で巻き、きっちりと竹の皮で包んだ「さばずし」が名物である。祇園祭には、かならずこのすしを食した。一般の寿司屋で「バッテラ」といっている薄く身をそいだものではなく身の厚いまま、塩をし、酢洗いにして飯につけたものである。

江戸のすしについては、『守貞漫稿《もりさだまんこう》』によると、「江戸今製するは握酢なり、鶏卵焼、車海老、海老そぼろ、白魚、まぐろさしみ、こはだ、あなご甘煮、以上大略八文酢也、其中玉子焼は十六文許《ばかり》也」「江戸は酢店甚だ多く、毎町一、二戸、蕎麦《そば》屋は一、二町に一戸あり」とある。

はじめは大阪風の押しずしであったが、三日も四日もなれるのを待つのは江戸っ子の気性に合わず、握りずしに早くから移行してゆく。だいたい文政の初めに与兵衛なる者が出て、これがはじめたものである。このころは山谷に八百善、深川に平《ひら》清《せい》が出て、江戸の味が確立してゆく時期であった。

妖術という身でにぎる鮨のめし

という川柳がある。すしを握る格好が妖術を使うときの手つきに似ているという意味だが、その手つきが、いかにも珍しかったのであろう。

最近の握りずしは、飯よりも魚のほうが大きいが、もとは魚をおかずにして飯を食うものであった。飯にのりきれないまぐろが飯台に着いていたりするのを喜ぶのは、最近のことである。

いまでも昔の江戸風のすしを握っている下町のすし屋の親爺などは、

「寿司なんてのは、上等の食いもんじゃねえ。ほんの腹ふさぎにつまむもんだァな。だいいち、あんなに高値なのはまちがっている。なんたって寿司のよさは安直に食べられるところにあるんだ。いくらやうになんてのは、ゲテモノだ、うちじゃ握らねえよ。それによ、あっしは親父から、飯は大ぶりに握れっておそわったんだ。寿司は食って腹ごたえがあって、それがいいんだ。魚が食いたけりゃ、べらぼうめ、刺身でも焼き魚でも食えってんだ」

とまくしたてる。しかし、そんなすし屋も少なくなり、値段はますます高くなってゆく。それも、うに、あわび、いくらなどという値のはるものを、遠くから無理して運んでくるようになったからであろうか。

すしの生命は、シャリ（米）とネタ（魚介）のよさ、そして握り方、これが難しい。すし屋の兄さんなどは、向こう鉢巻に気取った手付きで、景気のよい声を出す。このいきのよさと、いなせがいかにも江戸っ子好みで、ネタの生きのよさを感じさせることになる。大阪ずしにはこのような姿がない。万事おっとりと上品で、しずかにときを待っている。

なお、カレーライスとすしの米だけは、ただの美味い米ではだめだという。いい米だと粘つくので、北関東の米を入れる。庄内米や越後米だけでは、江戸前風の味が出ないのだ。関東の米は、西や東北に比べると味がおちる。そんなところにもすしが発達した理由があるかもしれない。

▽▽▽江戸の夜鷹そば、上方の夜啼きうどん

西のうどん、東のそばは、いかにも対照的に味の好みを示している。江戸時代の初期、中期には、うどんが七分で、そばが三分の勢力であった。そばが主力を占めるようになったのは、江戸後期からである。

万延元年には、江戸市中のそば屋が三千七百六十余軒あったというから、その盛況が知られるが、それでもすし屋のほうが多く、そば屋はその半分の数であったと

いう。

初めのうち、そばやうどんは菓子屋で作って売っていたので、「うどん屋」といっても、「そば屋」とはいわなかった。

芝居や落語によく出てくるのは、江戸は「夜鷹《よたか》そば」であり、上方では「夜啼《よな》きうどん」である。

関西にはもともと「もり」はなく、そばといった場合には「かけ」であった。そばは「もり」という蒸籠《せいろ》に入れて持ってくるが、これは蒸しそばの名残りである。明治のころに「ぶっかけ」という言葉が使われたが、これが「かけ」のもとの名である。

そばの原産地は中国で、もともと雑草であり、荒地でも育つ。むしろ、土地のやせている所のほうが、よいそばが育つ。江戸の郊外、板橋、練馬、世田谷のものが使われたが、やがて甲州からも入るようになり、そのうちに信州のものが多くなった。最近は北海道やカナダ、中国から入ってきており、日本の味もへんなものになってしまった。

そばといえは、「更級《さらしな》」と「藪《やぶ》」ということになる。更科は、寛政の初めに、布屋清右衛門が麻布永坂に「信州更科蕎麦處《そばどころ》」としてはじめたものという。出身地の信州更級《さらしな》郡と主家の保科《ほしな》を合わせて、更科としたものである。藪は、本所団子坂のやぶの中にあった「つたや」が初めで、そこから藪の名が出た。いま大部分のそば屋が、看板に「さらしな」「やぶ」と掲げているが、以前は「〇〇庵」というのが多かった。

更科の味は白米の味、藪そばは七分つきの味といわれるが、やや濃い目のつゆに黒みのあるそばが藪である。

大阪にもそば屋があり、砂場《すなば》のそばは早くから名物になっていた。昔は砂浜の地であったから、その名が出たといわれている。新町《しんまち》遊廓の近くにあったため、ここに出入する人たちによって繁盛した。『摂津名所図絵』にも、そのにぎわいぶりが描かれている。いま、大阪に砂場はない。東京にはかなりの数、その名が残されている。

そば屋の酒は、どこでもよい味がする。そば屋で酒を飲むのは通人とされていたし、現に神田や池之端《はた》、並木の「やぶ」や永坂の「さらしな」の酒とお通しは絶品である。

大阪新町・砂場いずみや、大繁盛の店内風景（摂津名所図絵）

「雪暮夜《ゆきのゆうべ》入谷畦道《いりやのあぜみち》」で、片岡直次郎がそば屋に入り、あつかんでそばを食べる場面がある。二八のそばがいかにも酒に合い、直侍《なおざむらい》のいきさが引き立つ。箸《はし》でたぐって、つるつると勢いよく食べる。それが格好よい。そばはつゆに三分の一ほどつけて食べるのがよいとされた。

　つゆの値段が高くつくので、そば屋がそんないい方をして流行らせてしまった、という説もある。

江戸の小咄《こばなし》に、死ぬとき、「一度でいいから、そばをつゆにたっぷりつけて食いたかった」という話があるが、いかにも江戸っ子の見栄を示したものとして、おもしろい。

最近は変りそばといって、ケシの実で味をつけたり、ゴマだれで食べたり、また天ぷらそばやなんばんなどのほかに、カレーや焼肉をのせたりするものが出てきて、いちだんとバラエティに富むようになった。

関西のうどん屋には木葉《このは》丼、親子丼のほかに、穴子丼があったり、しっぽく、おだまき、はなまきなどがある。しかし、代表的なものは「きつねうどん」であろう。

「しのだ」ともいうが、これは「芦屋道満大内鑑《あしやどうまんおおうちかがみ》」の、

恋しくばたずねきてみよ和泉《いずみ》なるしのだのもりのうらみ葛の葉

から由来したものである。しのだ（信太）の森に帰ってしまった白狐（葛の葉）のことを詠んだ歌である。

なお、大阪で「たぬき」というのは、油揚げをそば台で食べるのをいい、「きつね」はうどんの場合をいう。したがって、東京へ来た者がたぬきを頼むと、天かす

信太森葛葉稲荷神社(和泉市)

が入っているものが出てきて、これがほんとうに化かされた、ということになる。

昆布と鰹節《かつお》でだしをとり、甘味をつけた油揚げをそのままか半分、あるいはきざんで入れる。だいたい明治二十年ごろにはじまったもののようだ。「きつね」ではなく「けつね」となまっていうこともある。

うどんには「力《りき》」とかコシといって、しこしこした歯ごたえがなくてはならない。小麦粉をこねてかたまりにし、足で踏みのばしてから玉にする。これが手打ちうどんである。粉のまぜ方にコツがある。

大阪は「うどんすき」も名物である。かしわ、かまぼこ、しいたけ、麩《ふ》などといっしょに煮こんだもので、「美々卯《みみう》」の名が高いが、京都の懐石料亭「辻留」で修業したのち、戦後ここの若い長男が発明した。

『守貞漫稿』に、「京坂は店売り担い売りともにうどんを専らとし、蕎麦を兼ね売る。江戸は蕎麦を専らとし、うどんを兼ね売る」とある。

江戸と上方では明らかに好みの違いがある。たとえば、煮込みうどんを丼で食べるのが上方なら、つゆをつけて食べるのが関東といえる。

いろいろな具とともに愉しむのが大阪風ならば、気軽に、さっとすますところが、江戸っ子の口に合ったのだろう。

大阪ではだしが淡いから、丼の底が透けてみえる。なかには底に家紋や商標が入っているものもあった。

うどんが少なくなるにつれて、そのマークが浮かんでくる仕掛けなどは、いかにも大阪的なPR方法だと思う。

▽▽▽東西とも肉食は明治以後に始まった

江戸では座敷に上がっても、追い込み、入れ込みといって、衝立《ついたて》で仕切るだけの気軽さがあって、気取ったところでもせいぜいが襖《ふすま》で仕切るぐらいであった。

上方は、いまでも京都などはことにそうであるが、一見の客を断わる風があって、しきいが高かった。

鍋ものは、なんといっても気心のしれた仲間と、気楽につき合うところにたのしさがある。「同じ釜の飯を食った者」ということで、初めて「腹を割った仲」になれる。

どんな上等の具を入れたものでも、奥座敷で一人鍋ものをつつく、などというのでは、味も何もあったものではない。

このごろでは「江戸前のすき焼き」などという変な看板を見かけたりするが、東京ではすき焼きとはいわなかった。ギュウ鍋、ギュウニク鍋、うし鍋といっていたので、仮名垣魯文《かながきろぶん》の『安愚楽鍋《あぐらなべ》』にも、「牛鍋」とはいっても、「すき焼き」とはいっていない。

だいたい、なんとか鍋といういい方は関東風で、関西はうどんすき、とりすきという具合のいい方をしていたものである。いまはこのいい方が入り乱れて併存している。「肉食はその国の文化を計る尺度である」とは、よくいわれる言葉である。日本では明治初期、欧米文化の輸入とともにはじまったと考えられているが、それは仏教伝来による殺生禁断や肉食禁止令による禁忌（タブー）によってできたものである。

しかし江戸時代に、両国と麴町に、けだもの屋として特殊肉屋が存在していた。肉はだいたいが鍋にして食べ、野鳥類は現在のように焼いて食べた。肉は精をつける薬と考えられ、病気あがりの身体によいとされていた。

しかし、日常の肉食タブーはゆきわたっていて、日本にきたフランスの牧師J・クラッセの『日本西教史』は、その消息を次のように残している。

「日本人は牛肉、豚肉、羊肉を忌《い》むこと我が国人の馬肉に於けるに同じ。又牛乳を飲むは生血を吸ふが如として敢て用ひず。牛馬極めて多しといえども、牛は農事に用ひ、馬は戦場に用ゆるのみなり」

「牛肉は神戸に限る」と言われた

　クラッセ存命中の元禄二年に、幕府は、「牛馬猪鹿犬豕《い》鷹猿羚羊《かもしか》の食穢《え》は百日たるべし」（徳川実紀）という御触書《ふれがき》を出している。

　維新後、肉食、とくに牛肉食用者が増加するや、東京はたちまち食牛の不足を来した。明治四年、神奈川県庁は食牛飼育の奨励状を発している。

　外国人がもっとも不便を感じたのは牛肉の入手であった。そこで、彼らの本国や中国から輸入するか、鶏肉などの代用品で我慢するしかない。

　美味とされている「神戸牛」は、このころ神戸から船で横浜まで運ばれたもので、その船の「神戸」の名が外人に強く印象され、そこから「牛肉は神戸に限る」となったのであろう。

ところで厳密にいえば、すき焼と牛鍋は料理の方法が異なる。

牛鍋は、もちろん鍋料理であるから、汁をたくさん入れてじっくりと煮込むのが普通である。まず温まった厚い鍋に肉を入れて炒め、のちに、しょう油、みりん、砂糖をまぜて水でうすめた割り下地（割り下）を入れる。野菜などはあまり入れず、せいぜいネギを五分切りしたものだけを入れていた。牛肉の煮込みのようなものである。

すき焼きは、文字どおり焼く料理である。まず鍋で肉を炒めてからネギや白滝《しらたき》などを入れてこれも炒め、仕上りは淡口《うすぐち》しょう油で味つけをする。みりんや砂糖などは使わない。

関西の人たちは、料亭に入ってすき焼きを食べるとき、味つけはだいたい自分でする。女中がしょう油や砂糖などをもってくるが、あとは客の好みにまかせることが多い。

東京は、その店の味にけちをつけるのを遠慮するのか、先方にまかせっきりである。

牛肉は、やはり関西のものに限るようだ。兵庫県の三田《さんだ》市付近は早くから牛の飼育が盛んで、三田牛といわれ、これが神戸牛になった。但馬《たじま》牛がすなわち神戸牛である。

近江八幡は近江牛で名高く、京都のすき焼の高名はこの牛を用いたことによる。いまは三重の松阪牛が知られている。松阪は牧草がよく、土地の人は牛を育てることを誇りにしているという。

以前から大阪の人は牛をとって豚肉は好まなかった。東でとんかつが発達するのも、豚肉を好むところに根ざしているといえよう。

▽▽▽関東の味「あんこう鍋」と「どじょう鍋」

魚すき、うどんすきは、瀬戸内海を控えた大阪のものである。「水菜のたきき」といって、京菜とクジラの肉を合わせて食べる大阪の庶民の味もある。

関東の味というと、あんこう鍋とどじょう鍋が代表だ。

大阪はあんこうを、ふぐもどきといってばかにする。

それほどに命おしいかふぐもどき

ふぐを食べるのは、高くてこわくてできないから、あんこうで我慢しているのだろうとの毒舌である。しかし、

あんこうは口びるばかり残るなり

といって、その淡白な味わいは、残すところがないほどうまい。とくにきもは絶品だ。茨城県はとくに、あんこうの本場である。

どじょうは、どうゆうわけか、東京の専門店では「どぜう」と歴史的仮名遣いの看板を下げている。「どぜう汁」を「どぜうけ」と読んだあわて者の話もある。どじょう料理の発達は、農村の耕地を近くに控えた江戸の町の中においてであった。やながわ、どじょう汁、どじょう鍋、かばやき、いずれも夏の季節感をそそるものである。

やながわは、九州柳川、北原白秋の故郷ではじめたものであるという。柳川のどじょうの味は非常によいといわれている。

宴席でよく飛び出す「どじょうすくい」、これは出雲の「安来節《やすぎぶし》」だが、出雲はどじょうの本場である。

西のほうにもこれだけのものがあるのに、どうゆうわけか大阪にはどじょう料理専門の店がない。京都や神戸にはあるそうだが、深川の「伊せ喜」、駒形《こまがた》の「駒形どぜう」、浅草の「飯田屋」のようなわけにはいかないようだ。

おでんは、もと田楽《でんがく》であった。いまおでんというと、こんにゃく、大根、がんもなどを、ごったに煮込んだものである。

田楽は、こんにゃくやとうふに、八丁味噌を刷毛《はけ》で薄く塗ったり、木の芽味噌をたっぷり塗ったものである。

おでんが発生したのは幕末の江戸で、とうふを熱くした石に置いて焼き、これに味噌をつけたのであった。

これが関西へいって、関東煮《だ》きという名でよばれるようになった。関西ではだしで煮込み、あとからしょう油で味をととのえたりしたが、これがさらに関東に逆輸入されたらしい。おでんの場合も、関東は濃い口を好み、大阪はあっさりした淡口《うす》がごひいきである。

▽▽▽味噌、しょう油が生む東西の味の相違

関西の味をひとくちでいえば、「薄味」である。基本が精進料理に発しているから、湯葉《ゆば》、高野豆腐、生麩《なまふ》といったものを色をつけずにたく、そこに味の深味があるというのだが、これが東京の者には「頼りなくて、だいたいが魚にしたって白身ばかりじゃねえか」となる。

そばもうどんも、湯葉も高野豆腐も、東京はしょう油で、しかも濃い口を使うから色がついている。

京、大阪は、堂上公卿《どうじょうくぎょう》や僧侶が好んだ味を発展させたもので、僧侶などは鰹節《かつお》を使えないから昆布を調味料に使った。

しょう油の濃い口と淡口《うす》、鰹節《かつお》と昆布、赤味噌と白味噌、これが関東と関西の味の基本的な違いになっている。

昔はどの家でも自分の家で味噌をつくった。「手前味噌」という言葉は、ここから生まれたものである。

味噌と酒は、かならず故郷のものを求めるという。酒はともかく、味噌だけは、子供のころからしみこんだ味を忘れることができない。

大阪の白味噌、関東の赤味噌とひとくちにいうが、今次の戦争では大阪は白味噌の配給がなかったので、赤味噌が普及した。

一方、東京には全国の味噌が集まってくる。それは全国各地からの流入者が、それぞれの好みの味噌を集めるからである。東京では、信州味噌を本流にして、仙台味噌や八丁味噌などをまぜ合わせて使用する。

赤出し味噌などは最近の言葉である。

大阪の人は、正月の雑煮に白味噌を用いる。これが東京者にはとても我慢できない。甘ったるくて食べられたものではない。

赤味噌の赤出しに「おすまし」が関西の味である。つゆ（露）である。昆布で出し、鰹《かつお》節またはだしじゃこ（煮干し）などで味を出す。はまぐりのうしおなどを好むのも、この味につながるものと考えられる。

辛口好みの東京は、しょう油を何にでもつける。だしまきにもかけて食べるので、関西の人はびっくりする。

関西では、すしも、しょう油をつけなかったし、かまぼこなどもしょう油をつけないのが本筋であるという。たくあんにもしょう油をつけるのが関東者である。刺身じょう油にしても、関西ではどろりとした「たまり」を用い、関東では辛口を好むようだ。

しょう油の生命は湿度、温度と水である。それも、以前海であったところの地下から湧く水がよいという説もある。江戸周辺ではどうしても、野田、銚子がしょう油発祥の紀州と似て、現在、世界に知られるブランド、キッコーマンやヤマサを生み出した。

欧米に比べ、日本のソース類は味、種類とも貧弱であるが、しょう油でたいてい事が足りてしまう以上、当然のことかもしれない。もっとも、アメリカでは最近、しょう油工場ができ、需要もうなぎのぼりのようであるから、日本が生んだソースの王様、しょう油がやがて世界の食卓に欠かせない調味料となる日は近いだろう。

江戸の名物せんべいは、このしょう油の味で決まる。また、東京の名物に佃煮《つくだに》がある。漁のさい、網にかかった雑魚をそのままにしておいては腐るので、生じょう油で煮つめたものである。

この佃煮は、東京湾の佃島がその発祥の地である。天正十八年（一五九〇年）、徳川家康の江戸入城と同時に、摂津国佃村から漁師三十四人を招き、日本橋の近くに住まわせ、漁業をさせて魚を献上させたが、三代家光のときに鉄砲洲《てっぽうず》の沖合を埋め立てて移住させ、いまの佃島となったという。

鉄砲洲とは、かつては人も住まない砂洲であり、大砲の演習地であったところから、その名が生まれた。「忠臣蔵」の浅野内匠頭長矩《たくみのかみながのり》の江戸藩邸はこの地にあった。

佃島魚《とと》でまんまを食ふ処

は、魚をとって生活している島の人たちの意味である。昭和三十九年に中央区明石町から佃島と月島へ佃大橋が架けられるまでは、江戸時代の正保二年（一六四五年）以来の渡し船が、江戸と佃島を結んでいたのである。

ここで生まれた佃煮、それのもとは、白魚をしょう油と酒と少量の塩で調味した汁でさっと煮立て、つぶし卵をかけ、もみのりをパラパラとふって食べる。そんな食べ方がいまも、下町に生きた人の話に残っているから、案外これが佃煮の原型かもしれない。

昔つくられた東京市の歌、

尾花が末に白雲の　ひかると見えしは昔にて
今は帝都の東京市　月も屋根より屋根に入る

という中の一節に、

「佃煮作る家多く　白魚とるはこの島ぞ」

と歌われていた。川に面した土手に魚をとる網が干してある光景が見られたのも、つい昨日のことのようだ。都心のすぐ近くに、このようなひなびた漁村風景が眺められたのは、珍しいことであった。

水に浮かぶ都鳥、清げに並ぶ格子戸、鉢植えの朝顔、水を打った路地、近くなっては遠のく物売りの声。そんな風景の中に、

あけぼのや白魚白きこと一寸

の芭蕉の句を点じてみるとき、江戸の風趣は、いよいよきわまる。

「月もおぼろに白魚の、篝《ひがり》もかすむ春の空」のお嬢吉三《きちさ》のせりふは、白さの中にほのかな紅をそえた肌目《きめ》こまやかな白魚の美しい姿を思い浮かべさせ、佃煮という日本独自の風味をかもし出す発酵食品は、日本人の味覚のベースになっているが、すでにそれは万葉時代からであり、もはやわれわれの血肉になっているといっていいだろう。

しょう油には、大豆からつくられる穀醤《こくしょう》と魚からつくられる魚醤との二つがある。魚醤は、秋田料理のしょっつるがそれである。それが動物性であれ植物性であれ、蛋白質《たんぱく》であればよく、蛋白質は発酵するとすべて醤《ひしお》になる。その過剰発酵を防ぐために、食塩を加えて保存する。この両者の相乗効果により、一つの食品で、米にはない塩分と蛋白質や脂肪、ミネラル、ビタミン類の補給という副食の条件を一挙に満たしてしまうわけである。

日本人は西欧人のことを「バタくさい」と表現するが、彼らにいわせれば、日本人は「しょう油くさい」そうだ。それほど、しみついて離れないのが、味噌、しょう油の匂いであろう。

朝食は味噌汁にお新香、これが日本人のパターンであって、それに納豆や卵、焼のりをつけるのが、現在の宿屋のきまりみたいになっている。

元来、大阪は、「お茶漬さらさら」かお粥《かゆ》であって、このお粥の風習は、奈良粥《がゆ》とか京の朝粥といったかたちでいまもある。朝食に赤味噌の汁というのは最近のことで、かつてはそうではなかった。

朝食に味噌汁は、むしろ東京のほうが常用していた。大阪は昼と夕の副食として味噌を用いていたのである。「赤八《あかはち》」といって、八丁味噌と赤味噌を合わせたものや、白味噌に赤味噌少々を加えて白みそ汁をつくり、これをおかずにしたりした。

しょう油の味を好む東京では、たしかに辛口愛好で、京風の懐石などは甘くて我慢ならぬという。しかし、一般の家庭で煮物に砂糖を使うのは関東のほうが多い。

料理人にいわせると、関東のほうが甘味が強いともいう。

かつて砂糖は値段が高く、庶民の口にはそう入らなかったが、それをふんだんに使うところに、けちを嫌う気分があったかもしれぬ。それはともかく、「甘いか辛いかはっきりしろい」というのが江戸っ子の性分なのである。

▽▽▽東海道を往復した、極上の「富士見酒」

豊臣秀吉は、いまのようなこはく色に澄んだ清酒を、ついに飲んだことがなかった。それというのも、澄み酒は「灰汁《あく》抜きの酒」といって秀吉の死んだ後にできたもので、それまでは濁酒《にごりざけ》であり、せいぜい濁酒の上澄みが飲用されていたからである。また、煉酒《ねりざけ》という固煉《かたね》りの酒を木の葉に盛って箸《はし》で食べる、いまの甘酒のようなものもあり、「酒は食べる」ものとされていた。

清酒のできた逸話は、大阪の鴻池《こうのいけ》吉左衛門の使用人が、主人に叱られた腹いせに、酒桶の中へそこいらの灰を投げ込んで逃げた。ところが、その酒が一夜のうちに透明な酒に変わっていた、という偶然からはじまったといわれる。鴻池の史料では、慶長十九年、大阪夏の陣の折にすでに、家康に奉って朱印をもらったという話が残されている。

その他、各地にも同様の話が伝えられて、真偽は明らかでないが、とにかく灘の銘酒が江戸に知られるようになったのは、この清酒の発明と、鴻池家の力があったことはまちがいない。

江戸における高級酒、灘の銘酒は、苦味、甘味、酸味、鹹《かん》味、辛味の五味が渾然《こんぜん》と溶け合い、甘辛ピンの三拍子ぞろいとか、押し、こく、ふくらみ等というような形容で賞讃され、また「練絹《ねりぎぬ》の肌を持った嫋々《じょうじょう》たる佳人の味合い」と少々おそれいる表現で表わしたりもした。

これは、灘の花崗岩の硬水、いわゆる宮水といわれるカルシウム、マグネシウムが多い水で、とくに麹《こうじ》の発酵を盛んにするリンの含有率が高く、鉄分が少ない良質の水と、山田米といわれる大粒で胚乳の多い上質米とが合わさって、丹波杜氏《とじ》の技術がつくりあげた名品である。

さらに、この酒が江戸へ運ばれるための良港を有していたことと、かつ樽の良材にめぐまれていたことも幸いしていた。

東海道や海上を馬や船に揺られて運ばれる間に、酒は熟成を続けて、こくを生み、さらに、アルコールの濃度も高まり、吉野杉の芳香がしみて、天下の美禄《びろく》とな

酒は天下の美禄なり

る。

揺り動かされ、時を経た酒は、ひときわ味がさえる。たとえば、上方には「富士見酒」という特別上等の酒があった。これは、東海道を往復して富士山を見て帰ってきた酒という意味で、灘から江戸へ運んでもう一度帰ったその酒の醇化《じゅんか》した味は、ことに珍重された。

寛文年間には摂津国伝法村に回船問屋ができ、享保ごろから酒荷を独占的に扱うようになった。これが樽回船で、飛躍的に上方の酒が江戸へ入るようになった。江戸に入った酒は、元禄十年の四万樽、安永の田沼意次《おきつぐ》の時代には百万樽に及んだ。

江戸の酒問屋は、はじめ日本橋の伊勢町、呉服橋、茅場町《かやばちよう》、新川あたりにあったが、のちに茅場町と新川筋に集中した。

関東一円の地回り酒も江戸に入荷したが、年間十五万樽で上方からの酒には比すべくもない。

あきらかに、灘五郷を中心とする上方の酒が人気を得ていたことがわかる。なお、江戸まで運んでいった酒を「下《くだ》り酒」、それをふたたび上方に持っていったものを「戻《もど》り酒」といった。評判のよくなかった江戸の酒は、東海道を西から下《くだ》ってきたものではない。つまり下らない酒といい、いまの言葉で「たいしたことではない」というときに使う「くだらない」というのはここからきている。

▽▽▽太平の遊民の「大酒合戦」

全体に町人の財政が豊かになって、遊里が栄えたりしたので、酒もしだいに遊興の具に使われるようになった。

酒の飲み方や飲む場所、飲酒器なども工夫され、変わったものがつくられたりした。

酒宴、寄い合い酒が盛んになれば乱痴気さわぎもおきる。「酒狂い」ということがしばしば問題になり、幕府は布令を出して酒狂いを禁じた。元禄九年（一六九六年）には、酒を提供して酒乱に至らしめたものも成敗《せいばい》すべきだ、ということまでいっている。

名奉行・大岡越前守《えちぜんのかみ》は酒飲みの犯罪に、今日なら心神耗弱《もうじゃく》で免《まぬか》れるかもしれないものにも、たびたび極刑を科している。酒に酔って時の鐘を打ちそこねた御太鼓坊主が追放にされたりもしている。しかし、そのような禁令は、酒の上での遊興狂宴の多かったことを逆に証明していることでもある。

歌に酒は、それまでの神事《かみごと》のなかにあった晴れの日のものから、日常の憂さを晴らし、詩境を高め、快楽にふける手だてとして、離れがたいものとなってしまった。

元禄忠臣蔵の大石内蔵助《くらのすけ》の祇園遊興、堀部安兵衛の高田馬場仇討ちの場直前までの八丁堀の昼酒、酒精中毒ともいうべき大高源吾、これら義士たちの酒に酔う姿は作り話にしろ、江戸の庶民はいい、きを感じたのである。

二代目市川左団次のきわめつき、丸橋忠弥《まるばしちゅうや》の堀端の名場面、

「アア好い心持だ、心持だ。河岸《かし》通りの居酒屋で、たった二銚子飲んだのだが、たいそう酔いが出た。イヤ出るはずでもあろうかエ。まず今朝、家で朝飯に迎え酒で二合飲み、それから南のどじょう屋で、あついところをちょっと五合。そこを出てから蛤《はまぐり》で二合ずつ三本飲み、それから後が雁鍋《がん》に、好い黄肌鮪《きはだ》があったところから、又ぞろ刺身で一升飲み、とんだ無間《むげん》の梅だが、ここで三合、かしこで五合、拾い集めて三升分ばかり、是じゃ仕舞いは源太もどきで、鎧《よろい》を質に置かざぁなるめえ。裸になっても酒ばかりはやめられねェ」

すごい呑んべえがいたものだが、酒に酔うことのすばらしさが、リズムとなって響いてくる。酒は気狂い水といわれるが、それよりもここでは、大江戸の華が、いきな気負いとして花開いているといえるだろう。正しく大向うから声がかかるところである。

このころにはまた、大酒合戦なるものがしばしば催された。たとえば文化十二年十月、千住の中屋文右衛門の還暦祝いの席での、儒者・亀田鵬斎《ぼうさい》、画家・谷文晁《たにぶんちょう》、

戯作者・太田蜀山人《おおたしょくさんじん》の見分での酒合戦をとどめてみる。

酌《しゃく》は芸者三人、五合から三升まで入る盃《さかずき》六種を順に用意して、飲めるところまで飲む競争をした。一等は野州《やしゅう》小山の佐兵衛なるもの、二升五合盃で一ぺんに三杯やって七升五合。二等は会津の浪人河内某、六升二合飲んで「急用のためこれにて失礼」と歩いて帰っていった。三等は千住の百姓市兵衛、焼唐がらしを肴《さかな》に四升五合飲んでから、牡丹餅《ぼたもち》を食べたという。新吉原の大門長次は水一升、酢一升、しょう油一升、酒一升を三味線に合わせて一気に飲みほした。女でも、芸者おぶいは見物しながら終日飲みつづけ、最後に一升七合を一気に飲み、住菊屋のおすみは、四升六合を飲んだという。

太平の遊民の、堕落《デカダン》ともいえる酒遊びだが、ばかばかしいことについ熱心になる、江戸っ子の遊び好きな一面をかいま見ることができよう。

伊丹《いたみ》の酒今朝飲みたい

これは回文で上から読んでも下から読んでもおなじである。伊丹の酒は江戸で愛用されていたので、そこからこんな洒落が生まれたのである。

酒屋は御用聞きという得意まわりをして、注文をとっていたが、店頭でも立飲みで飲ませることもあった。つまり「一杯のみ屋」である。はえの入るのを防ぐために、表に縄のれんをかかげたが、ここから、一杯のみ屋を「縄のれん」とよぶようになった。

▽▽▽「菓子」は携帯食料から生まれた

菓子は、古代では果物《くだもの》のことであった。弥生式時代の出土品のなかには、穀類の加工品があるが、菓子のうち、くだものを主とする時代が長く続いた。

垂仁《すいにん》天皇のとき、田道間守《たじまもり》が常世《とこよ》の国へ非時香果《ときじくのかくのみ》を求めに出かけたが、これは橙《だいだい》の種類であろうといわれている。この伝説によって、田道間守は日本の菓子の祖といわれている。

やがて、中国からの穀類の加工品でお菓子がもたらされ、これを「唐菓子《からくだもの》」とよぶようになった。

鎌倉、室町のころより茶道の普及に伴い、その点心として急速に発達する。戦国時代から江戸初期には南蛮菓子が外国からもたらされ、種類がふえたので、これまでの菓子と区別して果物は「水菓子《みずがし》」とよばれるようになる。五代将軍綱吉のころで、ここに菓子は菓子として独立し、今日に至る。

古くから、餅、せんべい、まがり、おこしごめなどはあったが、これは主食に近いものであった。おこしごめというのは、米に蜜《みつ》をまぜながら煎《い》った菓子で、「おこし」の前身である。

関東ではうるち米を膨張器で煎る。次に砂糖を水で溶いたものに飴《あめ》を加えて煮つめ、火からおろして煎り米をまぜ固め、器に入れて包丁で切る、黒豆やピーナツを入れることもある。

関西では、ほしい（乾飯）をひいて細かくし、蒸してから陽に当て、適当な固さになってから飴《あめ》と砂糖で練り、固める。固いところから、岩おこしともいわれている。ほしいの代わりに粟を用いた「粟おこし」もある。元来が携帯食糧であるほしいから、甘味をそえた菓子の誕生をみたのである。つまり、飯に代わって茶の点心になり、やがては子供の愛好物になった。

菓子のいのちは、「甘さ」にある。砂糖が日本へ最初に来たのは、千二百年前、孝謙天皇のときで、以後も久しく上代以来の蜜、飴、干柿、甘葛、甘茶を使用していた。江戸時代に宮崎安貞が砂糖きびを栽培し、八代将軍吉宗のときに、江戸の御薬園で本格的に甘蔗を栽培するようになって、砂糖が一般に普及するようになった。

八百善の料理は、本場の鰹《かつお》節と白砂糖を使ったことに味のよさがあるといわれた。

享保のころ、象が日本に渡来したとき、餡《あん》をどっさり入れた象饅頭《まんじゆう》ができ、庶民の顎《あご》を落すほどの人気を得たという。甘いものに対しての好みは、戦後の日本人のどんらんさ以上だったかもしれない。

饅頭は中国から伝来したものだが、その起源は、三国時代の英雄・諸葛孔明が兵を進めて沪水に達したとき、波が荒れて渡河することができなかった。蛮地の習俗にならって、水神を鎮めるため、人身御供《ひとみごくう》を出すのに忍びず、羊や豚の肉を麵にまぜて人頭の形につくり、供えたところ、無事風浪もおさまって、渡河することができた。この故事から、蛮頭、のちに饅頭《まんとう》といわれるようになった。

一方、日本では唐菓子が伝えられたとき、そのひとつに餛飩《こんとん》があり、小麦粉の皮で小豆《あずき》のあんを包んだから、これが「まんじゅう」の初めだ、という説もある。

一般には鎌倉時代の初期、京都建仁《けんにん》寺の竜山禅師について宋からやってきた林《りん》浄因《じょういん》が帰化して、塩瀬《しおぜ》と名を改め、奈良でまんじゅう屋をひらいた、という説が流布されている。

いずれにしろ、中国から入ったもので、最初は肉まんじゅうであり、米やそば粉に工夫が重ねられ、小豆あんを主とする形におさまってゆく。

▽▽▽今も残る菓子の名鋪の東西対抗戦

せんべいも最初は、小麦の麵を油いためにしたもので、かみ割って食べるしょう油のつけ焼きとは、だいぶ味が異なっていたと思う。

羊《よう》かんも、そもそもの形は羊肉の羹《あつもの》で、いまのような小豆製の棹《さお》菓子とはまったく相違していた。日本では植物性の材料を使って小豆の粉、山の芋、砂糖、小麦粉、くずをまぜてこね、羊の形に切ったものを蒸し、汁の中へ入れた。その後、茶道の発達に伴い、点心として用いられるようになってから、汁は不要となり、蒸したものだけがとり出され、残ったものである。

天正十七年(一五八九年)に、京都の駿河屋善右衛門が小豆あんと寒天と砂糖を使って練《ねり》羊かんを創ったのが、いまの形の原形である。

舟橋を渡って来たと菓子杜氏《とうじ》

という句があるほどに、江戸の菓子職人の間では舟橋屋がはばを利かせていた。深川佐賀町にあって、大名や豪商に常客が多く、茶の湯がたつときには、何よりも舟橋の羊かん、とされていた。その種類も、小倉羊かん、九年田羊かん、素羊かん、くるみ羊かん、八重成羊かん、百合羊かん、薯羊かん、紅羊かん、鶯羊かん、青羊かん、白羊かん、薄羊かん、琉球羊かん、栗羊かん、と豊富であった。

一棹の幅、厚さともに一寸、長さ六寸は、舟橋屋の羊かん容器の十二分の一の大きさから出たもので、その容器を船といい、その一切れを棹というのも、この舟橋屋から出ている。

しかし明治になって、顧客であった大名、旗本、寺院の没落があり、かわって、元来まんじゅう屋として名を成していた虎屋が、宮内省を背景として勢力を伸ばしてくる。虎屋は仁治二年（一二四一年）、東福寺の聖一《しよういち》国師が博多で、中国伝来のつくり方を伝授され、創立以来、禁裡《きんり》の御用をつとめた。まんじゅうを竹の皮で包んだが、その格好が虎に似ているところから名付けたという。

江戸ではそのほかに、栄太楼《えいたろう》、藤村などの名が高かった。

茶の湯の点心としての羊かんであるとともに、下町の子供たちの口には、二寸ぐらいの細長い、一面は洗濯板のようにぎざぎざの駄菓子であった。一部が白っぽく固まり、砂糖にもどっている、そんなものを子供たちは好んだのである。虎屋の羊かんが、「夜の梅」とか「おもかげ」といった堂上《どうじよう》風に気どった名をつけたのが流布してから、すっかり、高級な菓子に昇格してしまった。

大阪にはいまでも丁稚《でっち》羊かんというのがある。京の龍谷寺の僧が工夫して、安価で手に入るようになり、いまいうところの小僧や丁稚でも食べられるようになったから、そうよばれたのである。

駄菓子といえば、これは子供のころの生活と結びついている。横丁へ入って露地を回ると、駄菓子屋の店先には、四角く浅いふたのついたガラスの箱の中に、砂糖菓子、あんこ玉、茶玉、ぺちゃんこな丸い飴《あめ》、みかん水、キャラメル、豆板などが、いささか不衛生なままであったが、夢のようにぎっしりつまっていた。キャラメルの包み紙の中には当てものが入っていたりした。縁日のしんこ細工やカルメラ、そして綿飴と、思い出はひろがってゆく。

駄菓子に駄じるこ天婦羅

東京では、つまらないものをそのようにいった。決してつまらないと思わないが、大阪では駄菓子のことを「いちもんがしん（一文菓子）」という。

寺町や坊子で松屋町《まつちやまち》や菓子屋《かしんや》

と子供が歌った。松屋町の菓子屋でいちもんがしん、あるいはテンヤモンという名でよばれることもあった。

駄菓子といえばあんこ玉、みかん水……

いまの東京の代表的な名菓といわれるものの名をあげてみれば、芋坂の羽《は》二重《ぶたえ》団子、向島《むこうじま》の言問《こととい》団子、長命寺《ちょうめいじ》の桜餅、浅草の雷おこし、船橋屋のくず餅、今戸の塩煎餅などがあるが、どちらかというと気軽な食べものばかりで、気どったところはない。いかにも職人好みの下町の味である。

京都の菓子というと、まず色と形に気が配られる。見た目に美しく、気品があって、その名も典雅につけられたというのが多い。享保六年（一七二一年）創業の鶴屋吉信《つるやよしのぶ》、文化五年（一八〇八年）創業の亀末広《すえひろ》など、老舗があり、御所と大徳寺出入りの松屋常盤《ときわ》の京生菓子、聖護院の八ツ橋、長五郎餅、亀屋陸奥《むつ》の松風、かわみち屋のそばぼうろ、尾張屋のそば餅や三条若狭屋のちご餅、豆政の五色豆《ごしき》などが、京の味の代表であろう。

大阪の菓子の味はだいたいが京の味の影響下にあり、趣味な菓子が多いのもそのせいである。

第5章 東西の美と感性と日常感覚

▽▽▽曲線的な関西、直線的な関東

深川の御不動さまの縁日のにぎわいの中を通り抜け、木場に入ると、急に木の香が高まってくる。広大な面積を有する材木置場があり、堀川や池に集積された材木が、なおも生命力を感じさせるほどに濃厚な匂いを放つ。荷舟がさわやかな木の香をのせて、ゆっくりと上り下りする。遠くで豆腐屋のラッパが聞こえる。露地に入ると、どの家の軒下にも、手づくりの鉢が置かれ、色どりを添える。

下町の情趣はいまも残されており、どの街にいても、独特の情趣があるものだ。とりわけ、家のたたずまいがかもしだす雰囲気は独特である。

たとえば、大阪の道修町《どしょうまち》は薬問屋が軒を並べているので、薬くさい。中の島も西へ行くと、潮の香りがかすかにしたものである。繁華街には、食べものの匂いなどが、いろいろと混ざりあって複雑な汗くさい感じでただよっている。

京都の家は奥が深く、間口が狭い。ウナギの寝床のようだといわれている。家裏と家裏の向き合ったわずかの場所に、陽がうっすらと射し、洗濯物などが干されている。そんな風情はいかにものどかで、人の話す声もやわらかく、どこか全体に湿っぽい感じがあって、ひっそりとしている。

日本家屋は、高い湿度と気温に合わせ、アジア各地の文化的影響を受けつつ、日本独自の発達をしてきたところに特徴があり、主流は木造建築であった。可燃性の木材をなぜ使ったのか。日本には粘土もあり、石灰も焼いていたから、煉瓦《れんが》をつくろうと思えばできたのに、なぜやめてしまったのか。

伊勢神宮は二十年ごとに建て替える。熱田神宮や出雲大社は四十年ごとである。これを式年遷宮《せんぐう》というが、日本人はようするに、家屋に対して永続性を求めていないのであろう。ギリシャやローマの王は永久の建物をつくろうと考え、結局は廃墟を残したにすぎない。

日本人は、家を建て替えることによって生命の再生産をはかり、形は変わっても、魂は永遠に不滅であると考えた。また、伊勢神宮の式年遷宮の場合、常に原型に立ちかえることで、初心にかえって、原初の生命を尊重するとともに、技術の伝承というすばらしい、副産物をもたらし、その度に技術の改善が容易になり、スピード化される。

日本は湿度が高い。そのため、煉瓦づくりのような建築物では、建物の風通しが悪く、健康にも良くない。明治時代に、学校の図書館を煉瓦造りにしたため、湿気がこもり、中の本全部がだめになってしまったという話もある。今日では、煉瓦造りの書庫や倉庫は、ほとんど見られなくなった。

日本家屋が、木と紙と土で建てられているのは湿気に対応する知恵であることは、この煉瓦造りの建物の例をみてもあきらかである。

木は、人間の肌と同じく呼吸している。障子も泥壁も呼吸している。つまり、空気中の湿気が高くなれば、障子の繊維が膨張して目がつみ、外の湿気を室内に入れなくなり、壁や木（柱、天井など）は、室内の湿気を吸収する。反対に、空気が乾燥すると、障子の目はひらき、壁や木は湿気をはき出す。この壁や木や障子の働きで、室内の湿気は、ほぼ一定に保たれるのである。コンクリート造りの団地やマンションに入った人が、物がかびやすいとか、身体の調子がおかしいとかいわれるが、それはコンクリートの吸湿性は強いが、排出性に乏しいという材質のためである。

湿気に対応する知恵は、他にもあり、屋根裏と床下がそれである。部屋の上下に

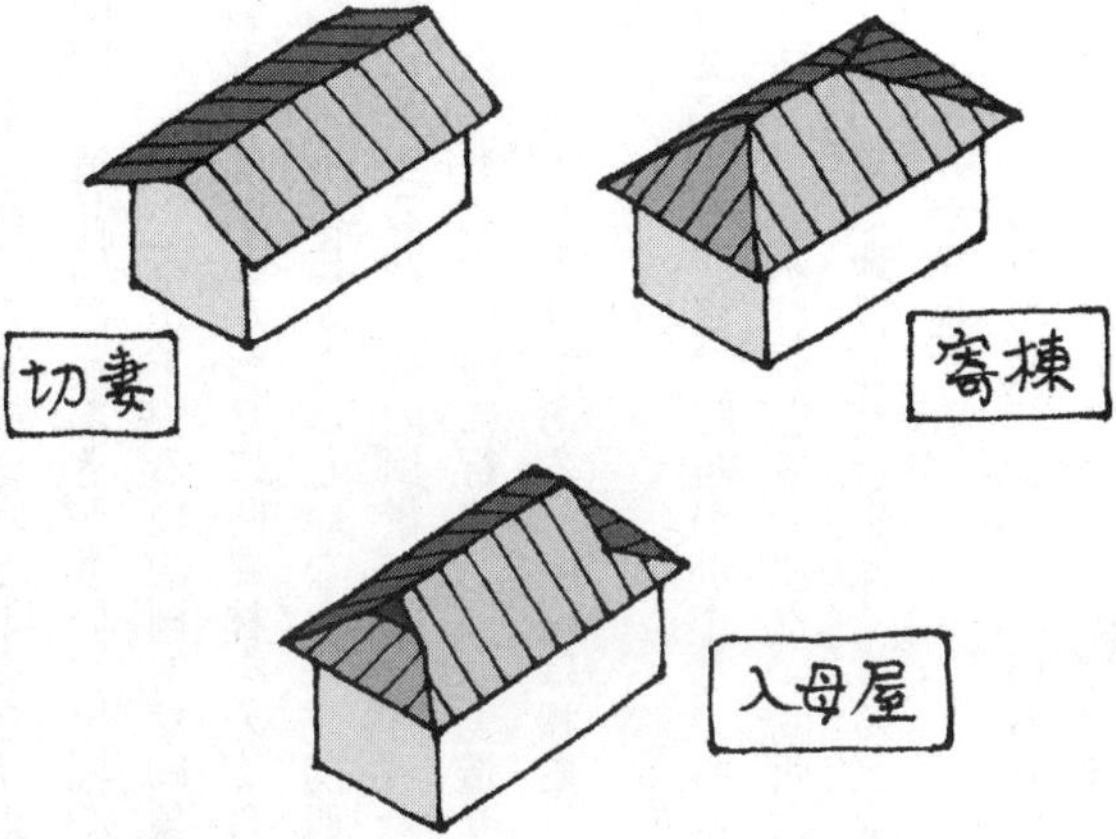

寄棟、入母屋造り、切妻造り

空気層を作ることによって、保温と換気をさせ、地面の湿気を逃がすことができる。このように、日本家屋は、寒暖の差と湿気とのたたかいが生み出した秀れた知恵の結晶なのである。

西洋の家は窓に、日本の家は屋根に特徴があるという。東京の郊外に出ると、今もわらぶき屋根の農家が残っているが、たいてい寄棟《よせむね》で、上部の棟が四方へふきおろされ、同斜面を構成している。これが、あずまやと呼ばれるものである。

武蔵境《さかい》あたりからさらに西へ行くと、破風《はふ》の入母屋《いりもや》造りがふえてくる。山麓あたりではほとんどが入母屋造りで、全体に重厚で落ちついた印象を与える。

関西の造りには瓦ぶきが多い。土堀をめぐらし、白壁をめぐらす。総じて小ぢんまりとしているが、明るい絵画的な印象を与える。

関東では堀のかわりに防風林をめぐらす。この樹々に群れる雀が、いかにも武蔵野の田園風景にふさわしいならば、関西はたとえば、晩秋のころの奈良の小径で、白壁に映える残り柿の風景が似合う。

関東でも北の山地に行くと、切妻《きりづま》造りが多くなる。切妻とは、両端を切り落したような簡素な造りである。屋根は杉皮、草、板などでふき、ときには石をのせたりする。

関東はいろりで、関西がかまどであることは先述したが、かまどの燃料はワラ、綿木豆木、もみがらを多く使う。関西は平地のため、薪を入手しにくかったのであろうか。また地縁的結合を深くする入会地《いりあいち》を持ち、そこから薪を入手できる関東では、いろりが発達する。

かまどは物をのせて焚《た》くが、いろりは自在鈎《かぎ》でつってかける。そのため、いろりは鉄びんや鍋を発達させ、かまどは釜状のものを多用させることになった。京都を中心に茶道が発達したのも、茶釜の利用と結びついたからであろう。

計画的に造られた都市、たとえば、江戸の町は、ひとくちに八百八町といわれているが、その盛大さが誇りとされた。家康入京のころは三百町ほど造成したが、寛保延享の中期にはすでに千を越え、明暦の大火のときには「両町四百町、片町にて八百町」とあり、幕末天保のころには千七百町を数えていた。

江戸の町は、表通りに面した家屋や商家は全部二階建てにし、塗り籠《ごめ》といって、泥を用いた土蔵方式であった。屋根は、わざわざ奨励金さえ出している。長屋の裏通りは板ぶきで、土蔵を設け、それを類焼を防ぐための防火ラインとして配置したところに、すぐれた知恵が感じられる。

さらに梲《うだち》というものを考案した。切妻屋根の両側に、屋根の上まで高く建てた泥壁である。火事の際、隣りに火が移らないようにするためのもので、これも密集地帯に生まれた知恵といえる。

京、大阪での特徴に上げ店《だな》がある。揚げ棚ともいい、板張りの床に足をつけて、昼間は店先におろしておき、夜は蝶番《ちょうつがい》によって引き上げておく。京都ではこれを、ばったり床几《しょうぎ》というが、商品を並べたり、また商談の場としても便利であった。

京町家のつくり

京都では、べんがらの細い京格子とむし窓、割り竹で犬矢来《いぬやらい》を組んだのが、商家の典型的構えである。

低くて細い入口を、身をかがめて入ると、表口から裏口まで、一本の通路が家の内を通り、表口は小さいのに奥が深い。

内実を人には容易に見せまいとする性質が、家の建築構造にも顕著に現われている。昔の灯火は、いまほど明るくなく、奥行の深い部屋では、昼間でも光が通りにくく、その薄暗さはかなりのものであったろう。

夏などは障子も外し、素通りのままの下町の家の中で裸の昼寝、という明けっぴろげの江戸とくらべると、たいへんなちがいがある。

▽▽▽三種類の畳の規格はこうして生まれた

畳に関しても、京都と関東では異なる。これが、京間《きようま》と田舎間《いなかま》（江戸間畳）で、これに現在の公団畳とも呼ぶべきものを加えて、現在、三種の畳が部屋割を定めているわけだ。

京間というと、田舎間よりは小さいと思いこんでいる人が多いが、これは反対である。

　　畿内民家畳長六尺三寸　厚一寸七分　謂之京間、関東民家畳長五尺八寸　厚一寸六分　謂之田舎間（和漢三才図絵）

とはっきり記されている。

戦後、日本住宅公団の鉄筋コンクリート・アパートが登場し、八〇センチそこそこの畳をつくった。さらに木造アパートなどでは七〇センチぐらいの畳まで現われた。畳一辺の長さが三〇パーセント縮むことは、全体で約二分の一の広さになってしまう。

日本人は、だいたい六百年を周期として、体位が変化する。天明年間（一七八一～八年）の日本人の平均身長は、男で五尺二寸（一五七センチ）、女で四尺八寸（一四五センチ）であり、それより約六百年前の平安朝末期も同程度の体位の時期にあたる。それに比べて、南北朝時代は、全体に体位も大きくて、足利尊氏などは非常な大男であったという。当時の男子の平均身長は、五尺四寸七分（一六六センチ）はあったと考えられる。

現在は、食糧事情の良いせいもあろうが、身長が高い周期にあたっている。したがって、間取りに対しての狭さを、実際の数字以上に感じるのも無理はない。

京間、江戸間という規格がはっきりしてきたのは近世に入ってからで、堀立柱《ほったてばしら》に土間の竪穴式や、それに準ずる形式では、畳の規格など生まれるはずはなかった。

寝殿造りでは、畳は単なる敷物であり、室町になって、二～三畳の小部屋に敷くようになった。

畳の大きさはどのように定められたのか。日本の住宅建築は、柱を常に一定の間隔に配列することが原則である。柱間、すなわち、一間の長さは、寝殿造りのころは一丈（十尺）もあったが、しだいに幅が狭まり、室町では六尺五寸に定まった。

この割り出し方は、平安京の町割から出ていると考えられ、一町、三十六丈に、路幅四丈を加えて四十丈を一町となす平安京の単位を、六十分することによって、六尺六寸六分という寸法が得られる。これを拠りどころに、一間の長さが定められたのではないか。

田舎間については、路幅四丈を加えず、この三十六丈を六十分した六尺を、一間の長さとしたのであろう。

関東では、田舎間の規格に合わせて柱間を決めるというのは、かなり遅れて発達したらしく、一間イコール六尺をそのまま柱間にあてた。つまり柱の中心までを計る。

なぜこうした違いが生じたのか。江戸の大工は、地上でいったん小屋を組み立ててから、改めて本組みに入る。そのとき六尺三寸という寸法では計算が面倒なので、六尺という、さっぱりしたほうを選んだのかもしれない。

柱の太さが、ふぞろいであったりすると、中心を出しにくくなる。畳割ならば、そのようなことがないわけだ。

この江戸間は、徳川家康が江戸に入府した時期に始まったため、一間が六尺という計算は、徳川家康が定めた、との説もある。

関東の大震災（大正十二年）後、東京では家がどっと建つから畳が売れるだろうと、関西の畳屋が進出、畳を一度にたくさん作って、注文があったらすぐ間に合うようにしておいた。ところが、東京の畳は柱の太さによって部屋の広さが多少ちがうので、部屋に合わせてつくった畳でなければ入らない。関西の畳屋は大損をしたという。これは江戸間が正確に五尺八寸でなく、あくまでも規準でしかない、ということを語っていよう。

また、江戸では火事が非常に多かったために、家を建てるにも、まず土台をおき、柱を立て、屋根をはり、床板を張り、あとはむしろを敷くだけで、一時しのぎとした。やがて、落ち着いてから、畳を敷く。すると、また焼けてしまう。江戸の人は、この繰り返しをせわしなくやっていた。

▽▽▽衣裳におのれを賭ける「江戸の美学」

「京の着倒れ、大阪の食い倒れ、江戸の履き倒れ」そして、「堺の建て倒れ」という言葉があることを前述した。

三都のぜいたくさを表わした言葉であるが、これには地名を置きかえての、全国共通のいい方がある。

阿波《あわ》の着倒れ、伊予の食い倒れというい方もあるし、中国地方では、備前の着倒れ、因幡《いなば》の食い倒れ、作州《さくしゅう》の家倒れという。

下総《しもうさ》の食い倒れ、常陸《ひたち》の着倒れ、
桐生《きりゅう》の着倒れ、足利《あしかが》の食い倒れ

ということもある。桐生のきに着倒れのきをかけての言葉で、これには、

紀州の着倒れ、水戸の飲み倒れ、尾張の食い倒れ

があって、これは御三家の語呂合わせである。

「東男《あずま》に京女」というい方も、対句としての言葉の面白さが優先したもので、このように地名の置きかえによる先例は、すでに「万葉集」のなかに、

かざはやの三保の浦まを漕ぐ船の船人《ふなびと》さわぐ浪立つらしも

葛飾の真間の浦まを漕ぐ船の船人さわぐ浪立つらしも

というような、地名を置きかえただけの二首があるように、早くから土地の妥当性を得るように、地名を挿入していった。

校歌や応援歌、わらべ歌などの類似性、共通性もまた、このようなところに起因しているのであろう。

民謡の場合などは、ことにはなはだしい。

山が高くて山中見えぬ　新庄恋しや　山憎や（山中節）
山が高くて新庄が見えぬ　新庄恋いしや　山憎や（新庄節）

などの例のように、その数はきわめて高い。

それはさておき、食い倒れ、着倒れ、履き倒れも、その背景の土地の習俗、気質をよく現わしていて、いまもなお、われわれを納得させるものがある。

たとえば、下駄。大店《おおだな》の旦那などは、江戸では桑の木で足駄《あしだ》をつくり、その高歯をたたむことができるようにした。雪駄《せった》を履いてシャランシャランと歩く。水たまりのところでは、供の小僧に持たせた高歯を立てて渡ったりした。

下駄は桐の柾目《まさめ》で、いきな人は、八幡黒《やわたぐろ》という黒い革緒をつけていた。夏目漱石の「坊ちゃん」が履いていたのはこの下駄で、上方では、このようなことに浮き身をやつす極道はしなかった。

京、大阪ではあでやかな色彩が好まれ、ことに江戸初期から元禄にかけては華美なものが出まわった。高価な生地のものを着用し、友禅染のような、派手でこった意匠のものが愛用された。

江戸の、いなせでいきな棒縞《ぼうじま》好みは唐桟《とうざん》に代表されて、渋みのなかに瀟洒《しょうしゃ》なものを秘していた。

ここにも、源氏と平家の白旗と赤旗をつくりあげた背景が思い浮かんでくる。平家の軍旗は、かつて、錦、綾、羅に文様を刺繍したものだったが、赤一色に染めてこれを軍旗とした。源氏は古法のまま白の無垢を好んだ。

日本の色彩感覚によれば、白と赤はともに清浄な心と誠を表わし、のちの赤白を合わせた日の丸は、旭日昇天《きょくじつ》を象徴した。ともあれ、源平二氏が同じ意味をもつ別々の旗をもち、争い合ったことは、いかにも興味深い。

白旗の源氏が、地方において武技を練ったのに対し、赤旗の平氏は京洛の港に栄《えい》耀《よう》栄華の夢を極めていた。黛《まゆずみ》を引き、歯を黒くすることが若い公達《きんだち》の間にも流行していた。

平敦盛《あつもり》討死の場面を『平家物語』は、「十五六許の若上藹《じょうろう》薄化粧にかねくろなり」ととどめている。

平安貴族の「みやび」好みに、鎌倉武士の「張り」と室町禅宗、同朋衆の「さび」が、まざり合って、江戸の美学をつくりあげてきた。

現在の若者たちが、画一的なニュールックに追い立てられ、自分の目での美学を失い、好みの色彩を喪失してしまっているのを見ると、江戸の人々のほうがはるかに、衣装におのれの趣向を賭けて生きていた。それは歌舞音曲や、芝居、落語のなかで、着ているものについての描写のいかに多いかを、見るだけで知ることができる。

▽▽▽大阪町人の美意識の結晶「渋み」

芝居の「寺小屋」では、江戸歌舞伎の松王丸《まつおう》はねずみ地であるが、大阪の役者は黒地を用いる。「伊勢音頭」でも、江戸系のお紺は紫地、もしくは、他の薄明るい地であり、大阪系のお紺は、黒地の襟《えり》がえしである。同じ芝居でも、これだけ色彩感覚のちがいがあった。

江戸では、旗本奴《やっこ》や町奴ができて、競い合い、いさみをよしとした。「男伊達《だて》」というのは、けばけばしいことや、見栄をはることを含めて、格好のよさを意味した。もともと、奥州伊達藩の武士が黒糸威《おどし》の鎧《よろい》をまとい、その袖《そで》や革摺《ずり》の裏を朱《しゅ》漆《うるし》で塗り、真っ黒の行列の中に朱の色がこぼれ、まことに、「わしが国さで見せたい伊達模様」といわれたところに起因する。

　この伊達がさらに洗練され、「強きをくじき弱きをたすける」倫理観となったところに、江戸っ子の心髄があった。だてに着る、だてには差さぬ、というポーズは、やがて真のいなせな姿を形づくっていく。屋敷町を売り歩く小鮀《はた》売り、そのいなせな姿は、江戸のいきを象徴して、人気を博した。

　女では鳥追い。いずれも清潔な身なり、こざっぱりしたなり。背すじをのばして、さっさと歩く。べとついたところがどこにもない。高価なものをチャラチャラと身につけるのは、これは野暮というもの、縦縞の模様がいかにも、いきおいのよさを見せていた。

　上方は「つや」であり、「はんなり」「こうと」、こうととは「公道」であろう。はんなりしたさま、という言い方の中には、女の人の姿、形や、京都の印象などに使うことがある。どこかぼやっとしていながら、ピントがあっていて、ほのかな明るさがあり、地味ななかに秘められた色気がただよってくる。それが「はんなり」

いなせな江戸っ子、はんなりとした上方人

というやわらかな、耳に響きのよい言葉にこめられているのである。

上方の衣装は、外見は粗末に見せて、内容をぜいたくにしていた。表面は木綿に見えて、とびきりの値打ちものである本結城《ゆうき》などが、上方人の好みに合った。

しかし、幕府によって、ぜいたくが禁止されていたので、絹の着物は着ることができない。そのため、表はあっさりと見える紬《つむぎ》や唐桟《とうざん》などを着て、内には絹よりも高価なものを着る者もいた。女も、表は地味にして、下着や裏地を派手にし、ぜいを尽した。

しかし、単なる地味では、田舎じみ

ていて、野暮であり、大阪では「もっさり」「もっちゃり」といって、低くしか評価されなかった。ようするに、「渋み」が生きていなければならなかったのである。深いところにかくされた味、それが大阪町人の美意識であった。

いきは、はっきりとしていて明るく、渋みは黙して内にひそむが、奥に深い味がある。

染物でも、江戸は仕上りの映えるものを好んだ。上方は色どめをし、「蒸《む》し」をかける。蒸すことで、もちがよくなるという利点もあったが、そうすることで、色をいったん深いところに沈めることができたのである。

明治になって、着物の「自由化」がなされたが、伝統に根ざした好みは歴然と残っていた。

宮本又次《またじ》の著書によると、東京山の手と下町の差は、山の手が小紋《こもん》の三枚重ねに六分ふき、背の高い塗りの駒下駄なら、下町は、もっぱら前垂掛《まえだれがけ》、掛衿《かけえり》を特徴としていた、という。

肩掛、ショール、東《あずま》コートが、明治三十六年に現われ、夏の日傘の流行を呼ぶ。それまで下町では、羽織は女の着るものではないとされ、寒い日でも絶対に着《つ》けなかった。

当時の男女は、ともに衣類を春夏秋冬、きちんと着け、帯は固く結んだ。ただ男の場合、夏はじんべいを着たり、上流では麻や帷子《かたびら》を着た。半袖の着用は、大阪で始まった。

このごろでは、スリーシーズン用などという、季節感のないものが出てきたが、かつては、人々は、季節の移り変わりに敏感であり、決められた日に衣服を替えた。

六月一日は衣替えの日で、いっせいに単衣《ひとえ》物に着替える。それも普段着は紺がすり、または紺の縮み、あるいは縞物。ぜいたくをすれば、結城や薩摩がすり。真っ昼間から白地の浴衣を着るようなことはなかった。

浴衣とは、文字どおり、夕方、行水《ぎょうずい》を使ったり、ひと風呂浴びたあとにさっぱりした気分で、夕涼みに出かける、そんなときに着た。

季節感の喪失とともに、一方では流行が演出されて、西も東もない画一化が進んでしまった。テレビや婦人雑誌、服飾雑誌が氾濫し、短い周期で好みが移り変っていく。

流行は、かつてのように、花街からではなくなり、芸能人やモデルが身につけたものが支配的になってしまった。伝統を無視した、大胆で、新しい服装が、新しい創造の美を生み出していくかもしれない。しかし、もはや日本のどの町へ降り立っても、着ているものから、その地方性を判断することはできなくなってきている。

▽▽▽江戸言葉の基盤をなした「奇異な」東国語

「言葉は国の手形という、うまいことがいわれておりまして、生まれたところのなまりは生涯なおりません。東京にもひどいなまりがございまして、ひということを満足にいう人がございません。よっぽどたましいを籠めてひといわないとしになってしまいます」

当代、林家正蔵の「百川」の枕である。日比谷をシビヤと発音し、渋谷と聞き違えたなどという話もある。人がシト、火の見がシノミ。大阪では質屋をヒチヤ、叱るをヒカルと逆にいうこともある。

東北の人が、

山の猪《いのしし》　屋根のすす　こはだのすしに　帯の繻子《しゅす》

をいうと、

山のいのすす　屋根のすす　こはだのすすに　帯のすす」

と聞えてしまう。

ここはヘイ　ハチャ　スンマの国境《ざか》い

というのは、群馬、新潟、長野の国境にある三国峠をいったもので、「それでは」という言葉の、三国でのいい方が異なることをいったものである。

江戸べらぼうに京どすえ

というのはよく知られているが、ほかにも、

長崎ばってん　江戸べらぼう
奥州だんべい　薩摩どんがら
大阪さかいに　京どすえ　兵庫神戸は何ぞいな

などがある。

東日本と西日本の言葉の差異は早くからあって、『万葉集』のなかで、「鶏が鳴くあづまの国」というのは、東国の人の言葉が西の国の者には鳥の鳴くように聞こえるという意味で、一種の「悪声」とけなしているのである。

あづまにて養はれたる人の子は舌だみてこそ物は言ひけれ（『拾遺集』）

平安中期の歌であるが、舌たむとは発音になまりがあるということである。『源

氏物語』でも、常陸《ひたち》の者を「声打ゆがみたる者」といっている。奇異な美しくない言葉として、東の言葉は受けとられていたのである。

室町時代の宣教師ロドリゲスも、

「三河から日本の港にいたるまでの『東《あずま》』の地方では、一般に物言ひが荒く鋭くて、多くの音節を、呑みこんで、発音しない。又これらの地方の人々の相互の間でなければ理解されないこの地方独特で粗野な語が沢山ある」（『日本大文典』）

といい、その対比例をあげている。

西日本	東日本
シェカイ	セカイ（世界）
ナロウテ	ナラッテ
借ッタ	借リタ
白ウ	白ク
読モウ	読ムベイ
都エ上ル	都サ上ル

東の言葉が荒っぽい印象を受ける定例として、動詞、形容詞の活用でウ音便《おんびん》を用いず、ナラッテと促《そく》音便となる。いまでも東の払ッタ、習ッタ、笑ッタは、西のハロウタ、ナロウタ、ワロウタに対応している。「ベイ」言葉も歴史は古く、いまの東北地方の「ズーズー」弁を笑うよりは、はるかに奇異に響いたのであろう。

江戸言葉は、徳川幕府がひらかれて生まれた、いわば都会語である。江戸言葉の基盤となったのは東国語・関東語であったと思うが、三河、駿河の武士言葉もかなりの比重を占めていたにちがいないし、参勤交代による各地からの流入者のなまりも混在することになったであろう。また、支配階級における当時の公用語として、京言葉も色濃く流れていたとも考えられるので、これら方言色の濃いままの共通語も、公式に使用されていたはずである。

それに対して、婦人たちは、室町以来、宮廷女官《にょかん》たちが使用していた「女房言葉」を踏襲し、「御殿言葉」をつくりあげる。町人でも御屋敷奉公に出ることが多かったので、ここから御殿言葉が庶民の規範として流れてもいったであろう。明治以後の「遊ばせ」や、昭和になってからの「ざあます」が、その流れを受けついでいる。

落語の「たらちね」は、長屋で一人暮らしの八五郎が、家主のすすめで嫁をもらう。その嫁は女官あがりのバカていねいな言葉を使い、職人と女官のやりとりを、いかにもこっけいに展開する。形式的で味のない公用語を自由で実生活の臭いのこもった庶民の言葉で、小気味よくはねかえす様子が、いかにもよく出ている。

「べいべい言葉」「だんべい言葉」は、都市周辺の「在郷言葉」であって、野卑な言語としてしりぞけられていた。

落語の「権助」というのはこのての代表で、だんべいを連発しては江戸っ子のなぐさみ者になっていた。

「へへ、関東べいが。さいろくをぜえろくとけたいな詞《ことば》つきぢゃなァ、お慮外《りよがい》もおりょげえ、観音《かんおん》さまもかんのんさま。なんのこっちゃろな」（式亭三馬『浮世風呂』）

つまり江戸言葉には、武士の公用語と、女房言葉による婦人語と、方言の混合された言語の三種があって、町人の生活言語がしだいに勢力を増していき、中期以後の町人言葉がいわゆる江戸言葉となっていった。

江戸っ子は五月《さつき》の鯉《こい》の吹き流し

このあとに「口先ばかり、はらわたはなし」とつづける。口では威勢のよいことをポンポンというが、腹の中にはたくらむところがなくてさっぱりしている、といえば好意的に聞えるが、頭もからっぽなくせに、口先ばかり達者というようにもとれる。その両面を合わせたのが江戸っ子ということになろうが、ひどく威勢がよく、早口で、早呑みこみで、すぐに腕をまくって、駆けだしかねない。べらぼうめ、といういわゆる「べらんめえ言葉」が、何かというとすぐにとびだす。

べらぼうな話だ
べらぼうにべっぴんだ

がそれである。現代の東京人の談話速度は一秒間に六ないし七音節というから、京都の三ないし四音節とくらべると、ほぼ二倍の速さだといえる。

「六、七歳の子供の舌のまはり候事始好（略）雀などまでよく舌まはり候」（江戸妙子）

子供ばかりではなく、雀まで、江戸ではよく舌がまわるといっているのである。

▽▽▽京都弁、大阪弁に見る婉曲表現

上方言葉の代表は「そうどすか」であり、これが大阪では「そうだっか」と促音化する。

祇園の老妓《ろうぎ》などが口にすると、京言葉の特徴がもっともよく出る。京言葉は、文字には表わしがたい独特のイントネーションとニュアンスがあって、言葉の洗練度においていて、いわば最高といえよう。

江戸弁や大阪弁には巻舌の言い方があるのに、京都弁にはない。京都弁は言葉が長音加工されて、長く引く音が多い。

胃《いー》が痛《いと》うて

血《ちー》がさわぐ
木《きー》を植えた

と、一音節の名詞は、ほとんどを引っぱって発音する。また、「菓子《かしん》」「牛蒡《ごんぼ》」「二月《にんがつ》」「四月《しんがつ》」「手鞠《てんまり》」と、鼻音がめだって多い。

京言葉のまろやかで、優美、流麗な感じは、少ない促音と、やわらかなイントネーションの長音とによって与えられているのかもしれない。

江戸弁の確立と普及にあずかって力のあった式亭三馬の『浮世風呂』（一八〇九～一三年）を見ると、「嘘っつき」「腕っ節」「一風呂《ひとつぷろ》」「些《ちつ》とづつ」「今っから」「ちっとどうらくだっけが」「こっちのしったことじゃなし」というように、促音が頻発する。

大阪弁でも前田勇氏の収集によると「洋服屋《ようぶつきや》」「好っきや」「脱っぎょる」「質屋《ひつちや》」「日曜日《にっちょび》」「飛っぴょる」「料理屋《りよおつりや》」「踊っりょる」「交際《つっきやい》」「差上《さつしや》げる」「借家《しやっきや》」「松屋《まっちゃ》町筋」「机《つっけー》」などという例がみられる。

タンカを切る場合、巻舌で早口にしゃべることが、相手の機先を制する何よりの

江戸っ子は口先ばかりではらわたなし

手だ。もちろんそこには語彙《ごい》が豊富になくてはならない。

「馬鹿ったれ」「どあほう」を繰り返していくらすごんでみたところで、これはタンカではない。

夏目漱石の「坊ちゃん」は、江戸っ子の伝統をひいて負け惜しみが強く、軽佻《けいちょう》で、すぐ喧嘩《けんか》を吹っかける。山嵐に対してのタンカ、「ハイカラ野郎の、ペテン師の、イカサマ師の、猫っかぶりの、やしの、モモンガーの、岡っ引きの、わんわん鳴けば犬も同然な奴」は、名詞の連結で相手のどぎもをぬく寸法だ。

これが大阪弁になると、

「女子に傘さしかけて、夫婦気取りで歩いてけつかるが、そらあおまえの嬶《かか》やなかろうっ！　どこぞの稽古屋のお師匠《つしょ》はんを、うまいこというて、住《すみ》ノ道《どう》あたりへ連れ出して、酒処《せいしょ》で銅殻《どんがら》（人体をののしっていう言葉）いためて、ぽーんと蹴倒そうと思うてけつかるけど、おまえの面《つら》では、今不相応じゃい！　稲荷さんの太鼓で、ドヨドン、ドヨドーンだ」（落語・野崎まいり）

　表現が屈曲し、修飾語が多く、ストレートな江戸弁に対して手がこんでいる。だいたい、酒場などで大阪弁を耳にすると、ざらつきの印象が残る。それは、「ど」という言葉を頭につかって「どしんといっぱつ、どついたろか」とか、「どアホ」「ど根性」「ど性骨《しょうぼね》」といったところからくるのだろう。「なんしてけつかる」「いっちょさらしたろか」「なんしゃがんねん」と下卑《げび》た表現をことさらに多く使う。このごろ東京でも「どまん中の直球」などというが、東京ではもともと「まんまん中」であった。まんまん中という表現のほうが澄んで聞こえる。

　谷崎潤一郎はこういっている。

「東京のべらんめえ口調は威勢のいい割りに毒気がないが、大阪人が『ガーンと一つ行ったろか』などという時に使う巻き舌は、へんに声が地這いをして蛇のやうに絡み着いて来る。私なんぞは此の方がずっと凄く聞こえる」（「私の見た大阪及び大阪人」）

この間の機微をよくとらえている言葉だ。

大阪弁といってもいろいろで、本来の言葉は船場《せんば》のそれであるといわれている。東京の言葉は下町の職人の中に生きている。

京都弁が花街の老妓などにあるとすれば、大阪の商人言葉、東京の職人言葉、京都の堂上《どうじょう》言葉がいまもなお、その流れの中に生きているといえる。

江戸弁はストレートな表現を好む。

古今亭《ここんてい》志《し》ん生《しょう》の落語「子わかれ」では、

「どこへいくのさ、ちょいと弁ちゃん」

「いくさに行くんだい」

「およしよ戦さなんぞさア、あたしとどっかに行こうよ」

「そうかア、そいじゃあ待ってろ、七つ道具を売ってくるから」

普通なら「ちょいと弁ちゃん、どこへ行くのさ」となるべきところを用件が先に出てくる。

これが大阪になると、

「さいなあ、日よりがええなあ……日よりがええと人がぎょうさん出てきますなア、こないだの雨ンときにはよわりましたわ、やはり天気ンときには、やっぱし……」

と、なかなかふところ内を見せず、さぐりを入れている感じだ。

これは商談がまとまるかまとまらぬか、虚々実々のかけ引きの場から出てきたものと考えられる。

そろばんをパチパチとはじいて、「これで目いっぱい」というとき、江戸では、それが結論になる。大阪ではそこから、本当の取り引きがはじまるのである。

一方が切口上《きりこうじょう》というならば、こちらはかけ引き語とでもいうか、段どりをとっていう言葉である。

これが京都弁になると、婉曲《えんきょく》表現はさらに徹底して、東京弁がストレートに「――をして下さい」というところを「――おくれやしまへんやろか」と含みのある表現になる。

断わりの言葉でも、東京の人は、比較的はっきりと「ダメ」という。表現方法に違いがあっても、「否」であることがわかるように伝える。

上方ではぼかしが入り、「よう考えときます」「この次には」などという。こういわれたら、まずあきらめたほうがよい。よく感ちがいをおこす言葉に、相手に誘いをかけたとき、

「おおきに」

といわれる。こちらは感謝とともに受諾ととるが、あくまでも相手のプライドを傷つけないための心配りであって、決してお礼をいっているのでも、合点したのでもない。要するに、その場の雰囲気などをくみとったうえで、言葉を使っているので、微妙なニュアンスの違いが生じてくることを知らなければならない。

どっちともとれる表現をして、判断は相手にあずけてしまうのが、上方の表現なのである。

江戸弁はたしかにぶっきらぼうで、ぞんざいだが、それは仲間うちだけのことが多く、町内でも旦那衆などに対しては、ていねいな言葉づかいをする。これがうまくできないようでは、江戸っ子といわれなかった。威勢のよさと不作法は、同じではない。

紀州家の附家老《つけがろう》水野家に仕えていた医者、原田某が、安政以降の幕末の江戸の、参府した際の見聞記を残している。

「人気の荒々しきに似ず、道を問へば、下賤の者たり共、己が業《なりわい》をやめ、教《おしえ》ることていねいにして、言葉のやさしく、恭敬なる事、感ずるに堪《はなはだ》たり」(『江戸自慢』)

仕事をやめて、ていねいな言葉で道を教える、これが江戸っ子のよいところだった。

▽▽▽東京語を原型として作った標準語の功罪

文部省は、東京語を基盤にして、いわゆる標準語をつくり、それを学校とNHKが普及させたため、標準語以外の言葉は方言として位置づけられるようになった。京都弁、大阪弁も、九州弁、東北弁と同じ方言と見なされてしまったのである。

しかし、「上方弁」が、「江戸弁」に対して、拮抗するだけの力を失ってしまったわけではない。むしろ、東に対する西の言語としての特性を失うことなく生きつづけているのである。

東北や九州の人の多くが、なまりを克服することに苦労しているのに、上方の人は、上方弁を平然と話す。現に、芸人の世界では、堂々と通用している。

一方、東京弁は、標準語とほぼ同じなので、そうした苦労はないと思われがちだが、「まっすぐ」を「まっつぐ」となまったり、「ヒ」を「シ」と発音し、やはり、少しではあるが苦労はある。

高座《こうざ》で紙切りをしている林家正楽《しょうらく》は、落語家になろうと、林家正蔵《しょうぞう》の門を叩いたが、どうしても茨城弁が抜けず、やむなく紙切りになった。落語家は、江戸弁が話せなくてはならず、したがってほとんど江戸っ子であった。

しかし、最近は、地方出身の落語家もふえ、なかには逆に、地方なまりを武器にしている者も出てきている。つまり、江戸弁の落語ではなく、標準語の落語家誕生という状況になってきたのだ。

東京への流入者は、言葉に早く慣れようとするために、馬鹿ていねいな言い方をしたり、不自然な言葉遣いをしたりするので、かえって混乱を生じさせる。やたらと「お」をつけるのもおかしいし、さらに「ざあます」といっしょに使われると、ますますわけのわからない表現になってしまう。

そのうえ、むらさき（しょう油）、お手もと（箸）といった、もともと花柳界で用いられた忌み言葉（「なし」を「ありのみ」といい換えるなど）を使うと、上品に聞えるということもあったりして、ますます言葉の乱れは、ひどくなった。

まさに、言葉は生きており、東京弁も関西弁も、知らぬうちに変わっているのだ。

▽▽▽江戸落語、上方落語の系譜

上方落語と大阪落語を見ていて、まず気づくのは、はなしの途中で鳴るお囃子《はやし》である。これは「はめもの」といって、上方落語には欠かせないものである。話の途中で「その道中の陽気なこと……」といったところに、さっとお囃子が入る。場面転換の効果とともに、はなしの雰囲気を陽気にあげる。

おそらくは、歌舞伎からの影響によるものであろうが、サービス精神に富んだ演出と考えられなくもない。

江戸落語でも芝居ばなし怪談ばなしなどの場合、効果を入れることがあるが、いわゆるすばなしにはない。

また上方落語では、張り扇《せん》、小さな拍子木で見台《けんだい》をにぎやかに叩く。講談のように、呼吸をはかって時折り叩くのではなく、カチャカチャと、とにかくうるさいぐらいに叩く。

上方では、くどいほど話をかぶせ、じっくりと場面を展開していく。お客が笑うと、二度、三度と繰り返す。東京の者が聞いたら、おそらく、くどいと感じるはずだ。

現在、高座にかけられている話のうちで、江戸落語にも上方から流れてきたものや、改変したものがかなりある。なかには、ほとんど同一のものも多くある。

上方の「住吉駕籠《かご》」が江戸の「くも駕籠」になったように、上方の「貧乏花見」が「長屋の花見」に、「逢いもどり」が「子はかすがい」に、「いらち車」が「反対車《ぐるま》」、「書割盗人《かきわりぬすっと》」が「だくだく」、「くやみ丁稚《でっち》」が「胡椒《こしょう》のくやみ」、「延陽伯」が「たらちね」、「骨つり」が「野ざらし」に焼き直されている。

江戸の「そば清《せい》」はそばを大食いする話だが、上方では「蛇含草《じゃがんそう》」となって餅をたらふく食べる話に変わる。江戸の「疝気《せんき》の虫」は虫退治に使う食べものがそばであるのに対し、上方の「疝気《せんき》の虫」はあんころもちになっている。上方のねばっこい餅好みに対して、江戸のすっきりしたそば好み、というように、きわだった対照を示す噺《はなし》である。

元禄のころ、京都に露《つゆ》の五郎兵衛、大阪に米沢彦八、江戸に鹿野《しかの》武左衛門という軽妙なしゃべり口で辻噺《つじばなし》をするものが相前後して現われた。この大道に立って笑い話をした芸人たちが、いわゆる落語の先駆者であった。

それ以前、天文二十三年に生まれた安楽庵策伝《あんらくあんさくでん》は京都誓願寺の僧であったが、のちにお伽衆《とぎ》として秀吉に仕え、曾呂利《そろり》新左衛門とも秀吉の面前で機知に富んだ話をして興を添えたという。隠居後こっけいな落し話をまとめたのが『醒睡笑《せいすいしょう》』全八巻として万治二年に刊行された。

落語の鼻祖たる資格を失わないけれど、落語のもっている本来の庶民性、大道芸人たることにおいて、まだ真に庶民に解放されたものではなかった。

高座で落語を初めて口演したのは立川焉馬《えんば》で、天明六年(一七八六年)江戸向島の貸席で行った。彼は大工で、話がうまく、この会は非常な好評を博したが、幕府は「たわけ笑、おどけ噺はよろしからず」と、さし止めてしまった。

焉馬の噺は、たいてい短いものばかりであった。同じ頃、石井宗叔《そうしゃく》という医者がお屋敷で閑人《かんじん》を相手に噺をしているが、これは長い噺だったという。これが現代落語の出発点と考えられている。

話の聞き手は、多く通人や閑人であり、すいを重んじ、通ぶりを発揮したので、遊里の世界や芝居をもじった話が多くできたことにもつながっているのであろう。

このころから講談も盛んになってきて、太平記読みとか軍談ともよばれた。講談は忠孝に義の道を説くから「文武両道」の幕府にはよろこばれ、落語のように制圧されることはなかった。落語のほうも、文化十三年（一八一六年）に「成るべく昔語、忠孝の道を述べる」ことにして大目に見られるようになり、息を盛りかえす。

しかし講談の定席《じょうせき》はあっても、落語の定席はなく、やっといまから百七十年前の寛政十年に上方落語である頓作軽口噺《とんさくかるくちばなし》をやるために江戸に来た岡本万作が、神田豊《と》島《しま》町藁店に寄席をひらき、大いに宣伝して客をよんだ。

これを見て、江戸の落語の名折れと嘆いたのが山生亭花楽《さんしょうていからく》。彼は元来、櫛工《くしだくみ》であったが、器用で素人咄《ばなし》をしており、下谷《したや》柳町の稲荷神社境内に寄席をひらいた。これが江戸落語の最初の席亭であったが、なにぶんにも素人であったため、五日間でしめなければならない破目となった。

しかし、目黒不動に願をかけ、名も三笑亭可楽と改め、寛政十二年、柳橋で第一回目の噺の会をひらき、烏亭焉馬《うていえんば》や桜川慈悲成《じひなり》の応援出演もあって好評を博し、以後、独立して寄席を経営するようになった。

彼の弟子には、十哲とよばれる十人の有名な弟子がいた。朝寝坊夢羅久《むらく》、林屋正蔵《しょうぞう》、三遊亭円生《えんしょう》、三笑亭可上《かじょう》、写絵《うつしえ》都楽《とらく》、翁屋《おきなや》三馬（二代目可楽）、猩々《しょうじょう》亭左楽、佐川東幸、石井宗叔（水魚亭魯石）、船遊亭扇橋《せんきょう》たちである。林屋正蔵は、道具を使って怪談をはじめた。いまの林家正蔵は八代目で、円朝から一朝を経ての怪談芝居を受け継ぎ、第一人者である。円生は鳴物入りの芝居噺を創案、夢楽と扇橋は音曲入りの噺をはじめた。都楽は極彩色の影絵をみせて評判になった。他には可楽門下の道化噺の祖、立川白馬、狂歌噺の紫檀楼古木《したんろうふるき》などが名をしられている。

幕末から明治のころの名人をほしいままにした三遊亭円朝が出て、多くの人情噺、怪談噺を自作した。

桂と名のる落語家は大阪が元祖である。初代桂文治の娘を妻とした翁屋さん遊は、江戸へ帰って、三代目桂文治を名乗り、大阪の噺を江戸へ紹介した。一代の人気者、初代桂春団治《はるだんじ》や桂小文治は、大阪落語で名をあげた人たちである。江戸庶民の生活の息吹きを、江戸っ子のみに通じる江戸弁で語る。江戸の通人たちは、そこにお上に対する一種独特の反抗を示した。また、幕末の作家グループ、仮名垣魯文《ろぶん》、瀬川如皐《じょこう》、河竹黙阿弥なども、落語を支持し、創作落語をつくりあげた。

この反骨精神は、のちになっても絶えることなく続き、現在に至っている。

▽▽▽会話の中の解放感こそ大阪の笑い

大阪落語が一時期おとろえたのは、写実を心がけるあまり、事実に即した所作を念入りにやりすぎ、余情と味を失い、素っ気ないものになってしまったためだという。また「笑わせる」ことに熱心になりすぎて、くどいほどに下卑たまねをしたりして、かんじんの芸を育てることを失念してしまったこともあろう。

また漫才や松竹新喜劇をはじめとする、舞台の笑いに負けたことも考えられる。

いくら張り扇で叩き、お囃子でにぎわしても、しょせん一人では複数の人間に勝てはしない。

それに、大阪の席はとにかく広すぎる。東京の落語が畳の寄席中心であり、椅子席になってもせいぜい二～三百人の席なのに、大阪ではコミカルショーや、万才といっしょの大舞台にのぼる。

元来、表情や手の動きによって、こまかい表現をすることに落語の生命があるのに、大きな席では、かんじんの所作がよくわからないし、目の動きなどはとてもとらえることができない。

大阪落語の近来の隆盛も、大方はテレビが普及してからであり、それもタレントとして別のことで人気を得てから、本筋の落語に興味を移させていくほうが多い。東京でも事態は同じで、これが新しい落語を生む活力になるか、芸の堕落につながるか、にわかには断を下せない。

上方の落語を本来の姿に立ち戻らせるには、語彙の豊かな会話と、しゃべることを好む風土とを再認識し、噺そのものに徹するべきではないだろうか。

大阪人の会話を聞いていると、いかにも愉しげであり、東京人の会話は、まるでけんかでもしているかのように聞こえる、といわれる。

会話を通して心から解放感を味わえるのが大阪の笑いのエッセンスであるのに反し、東京の笑いには、なにか気負いにも似たものが強く感じられる。

筋を追って、たたみ込んでいき、緊張のピークで突如としてたたき切る。これが落語の基本だが、その意味では、いかにも直線的な東京の笑いは落語にマッチする。

他方、会話のやりとりを愉しみ、円環的笑いを何度も味わう大阪人は、落語よりも万才に適しているかもしれない。

ところで、歌舞伎などとは違って、落語は演者の工夫、演出にゆだねられる部分が多い。噺を変えることが許されているのである。もっとも、古典落語は、何代も経ち充分にみがきあげられ、ほとんど手の入る余地がないまでに完成されている。ということは、多くの人によって創意工夫がほどこされ、今日のかたちになったことを意味している。

落語の場合、演者の個性が要求されるので、「品川心中」「野ざらし」を聞いたといっても、先代柳好《りゅうこう》の「野ざらし」であり、円生の「品川心中」を聞いたといわなければ通用しない。志ん生が死んだら、「火焔太鼓《かえん》」も「二階ぞめき」もいっしょに、煙になってしまったのだ。

▽▽▽芝居の二極性——江戸の荒事、上方の和事

遊興、歓楽の世界を好まぬものはあるまい。浅草の吉原も、いまは台東区浅草何丁目という名称になってしまったが、浅草のはずれに吉原が移される前は、「元吉原」といって、いまの人形町交差点の北東一帯にあった。この吉原は、庄司甚左衛門という浪人が、幕府の許しを得てはじめた。

このあたりは当時、一面の「葭《よし》の原」だったので、吉原という名が生まれたという。

江戸の歌舞伎芝居は、たびたびの幕府弾圧にあいながら、堺町、葺屋《ふきや》町、木挽《こびき》町を中心に劇場が建っていった。堺町は、現在の日本橋芳《よし》町の内と人形町三丁目あたり、葺屋町は、その北どなりの日本橋堀留一丁目。

明暦の大火があって、浅草方面へ移転した吉原は、まさに花の大江戸の面目を得

て、紅燈《こうとう》のにぎわいを呈するが、それから約百八十年後の天保十三年（一八四二年）、堺町、葺屋町などにあった芝居小屋と、それにともなう役者、付随する芝居職人たちも浅草に転住を命ぜられ、浅草、猿若町《さるわか》が生まれることになる。芝居町と遊廓が期せずして、隣り合わせることになった。浅草寺はまた観音様に接していて、わが国では門前町に、かならずといってよいほどに遊廓があることと、いみじくも符牒が合っている。精進落としと快楽が一体化し、庶民のいいきおいを見る思いがする。

歌舞伎はかぶくということで、「傾く」ところに語源が求められ、河原乞食とさげすまれ、その鼻祖《びそ》とされる阿国《おくに》は芸を売り、身を売る者であったという。

もともと、いいんびな怪しげなものとして歌舞伎ははじめられたが、芸能は多かれ少なかれ、醇風《じゅんぷう》美俗に反するものとして敬遠されてきた。第二次大戦では、映画を見るのさえ不良の子女のすることとされていた。

大阪では、女たちが好んで役者衆に熱をあげ、化粧と盛装に浮き身をやつしていた。役者を見るためよりも、見てほしいのはむしろ自分の姿を見てもらいたかったのである。「浪花の風」という記録には、劇場《しばい》見物一日の中に、衣服を改めることおよそ三、四度に及び、はなはだしきは一幕ごとに着替えするに至る、とある。主人が表で女遊びに狂おうと、着物さえ買い与え、芝居見物を許してやれば、妻はよろこんだというのが明治の大阪女であった、といわれたほどである。

食べることにも熱心になり、桟敷《さじき》の中で食べものをひろげるのが、また楽しみの一つであった。「幕の内」というのは、芝居の幕の間に食べたので、幕の内の弁当といった。いかにも「着倒れ」「食い倒れ」の上方の気風を表わしているといえる。

道頓堀の浜側に並んでいた芝居茶屋、堺利《さかり》、柴亀、稲照、紙幸とあげると、昭和の初めの風景が思いだされるにちがいない。いずれの座敷も、それが夏ならば、道頓堀川の浜座敷まで見渡せるほどにのれんをすかして、その対岸の宗右衛門町にはまたお茶屋が並んでいる……。食べることと芝居遊びを好んだ大阪気質がほうふつとしてくる。

江戸の芝居は人気荒く、大阪は理屈めく、と享和期の芝居記者、並木五瓶《ごへい》が評している が、上方の和事《わごと》、江戸の荒事《あらごと》がその評価をよく裏づけている。坂田藤十郎、市川団十郎という東西の千両役者の芝居ぶりが、のちのちまで、その芸風を決定づけているようだ。

上方の和事、江戸の荒事

江戸の場合、初めのうちは女形《おんながた》を、上方の役者を招いて任せていたという。和事のやわらかなセリフ、しなが、関東人の直線的なしぐさでは、うまく表現できなかったからであろう。

江戸芝居では「矢の根」がかならず正月興行に入っていた。四方をきる見得が、超人的な英雄として、一種のまじないのような力を与えてくれる、と江戸の人々は信じていた。矢の根の五郎の役者絵は、いわばおまもりの役として、庶民の家に貼られていたともいわれている。

市川団十郎の「暫《しばらく》」「矢の根」「助六」「勧進帳」の当り芸は、縁起物としての呪術的な威力を、江戸の人びとに与えたのかもしれない。荒事の場合、観客はスーパーマンの主人公に一切を託して、悪しきものを打ち破るのを、安心して観ていればよい。観終ったのちの爽快感は、つきものが落ちたようなカタルシスを与えてくれる。

濡事《ぬれごと》のリアリズムでは、そうはいかない。しっとりとした写実には、美男美女による理想像が垣間見られたとしても、つい「現在」に立ちかえり、身につまされてしまう。美男美女を護符として、身をまかしきるわけにはゆかない。

荒事は様式を重んじ、和事は描写に多くを負う。荒事は彫りこまれたように直線的で、ぴんと張って力がこもっていなければならない。和事は肩の力を抜き、着ている羽織も脱げそうに見えるほどやわらかく、線がぼけているかのように演ずる。江戸の直線的な表現は、きびきびとめりはりのきいた芸風を好み、「いき」「いなせ」「いさみはだ」を好む。

単なる荒っぽさではない、洒落を心得たすっきりしたもの、それがもっとも上等のものと考えられた。

これは歌舞伎ではないが、清元《きよもと》の場合にも、いい、いきの極地をいく。

「冴え返る、春のさむさにふる雨の、暮れて何時《いつ》しか雪となり、上野の鐘の音もこほる、細き流れのいく曲り、すえは田川へ入谷村」

うたうは清元延寿太夫《えんじゅだゆう》。三千歳《みちとせ》の寮の場のうたい出し。やや寒の早春の日、雨がみぞれとなり、雪に変わり、しだいに宵闇《よいやみ》が濃くなってゆく入谷田圃《いりやたんぼ》の情景は、てんめんたる江戸情趣にあふれ、しみじみと心をおおいつくす。

浄瑠璃、「曾根崎心中」の道行《みちゆき》の場面は、近世最高の絶唱である。心中を決意した男女の道行の、しだいに高潮していく心情を、魂鎮《たましず》めの意もこめながら、切々とうたう。詞章《ししょう》はふくらみ、行きつもどりつ、やがて、頂点に達する。そのふくらみようは、上方の風を反映し、いかにもくどい。

江戸の詞章は、すっきりとするのを第一義とした。めりはりと、言葉の調子の高さ、そして余分なものを排除して、簡をもってよしとしたのである。したがって、歌舞伎のセリフをきいていると、たたきこむような威勢のいい言葉がポンポンととび出し、いかにも気持がよい。

上方の所作は総じてゆったりとして、言いまわしにも思いをこめ、くどいほどに描写を心がける。

▽▽▽江戸の舞台に華さく退廃の美学

東の代表的芝居作者、鶴屋南北、河竹黙阿弥の代表作が、ほとんど怪談や白浪物《しらなみ》というのは興味深い。近松の世話物は心中という死を扱っても、残虐な猟奇的場面はほとんどない。わずかに「女殺し油地獄」が思い浮かぶ。油の流れの上に女がのたうつという、かなりどぎつい場面である。

「右手《めて》より左手《ゆんで》のふと腹へ、刺《さい》てはえぐり抜ては切《きる》。お吉を迎いの冥途の夜風。はためく内の幟《のぼり》の音、あをちに売場の火も消えて、庭も心も暗闇に、打まく油流るゝ血、踏みのめらかし踏みすべり、身内は血潮のあかづら赤鬼、邪見の角を振立て、お吉が身をさく剣山。目前油の地獄の苦しみ、軒のあやめのさしもげに、千々《ちぢ》の病はよくれども、過去の業病のがれ得ぬ、菖蒲《しょうぶ》刀に置く露の、たまも乱れて、いき絶へたり」

描写はリアルであり、詞章は豊かである。具体的でありながら、秀れた文章力によって悲惨な感じに救いが与えられている。どぎついシーンであるのに、一人の女の哀れさが、それを上まわって伝わってくる。お吉の悲しみ、哀れさに観客は身をふるわせ、極道者の与兵衛の刀をわれとわが身に受ける。

近松の心中ものが心を打つのは、現世においては結ばれぬ男女に、自らの心情を仮託し、いたみをわけ合うからである。出口のないとざされた状況のなかでは、死に出の道こそが唯一の救いだったのだ。

江戸の南北、黙阿弥の悪の華の饗宴は、人肉を斬りきざみ、幽霊怨霊のパレードとなり、七変化の彩を演出する。悪徳背徳の従輩どもが気持よさそうに見得を切る。

「切りとりゆすりは武士のならい」ではないが、くずれた浪人たちの行き場のない怨念が噴出する。江戸はいかにも、諸国の流れ者がたむろし、不平不満の巷になりやすかった。

幕末の絵師、大蘇芳年《たいそよしとし》、落合芳幾《よしいく》の浮世絵は、生首がとび、刀が人体をつきぬけ、血しぶきが画面にとぶ。このサディスチックなものを好む裏には、偽悪的なものを好む江戸っ子の心情が反映している。幕末という騒然とした世情を割り引いても、この血なまぐささは尋常ではない。

ただし、こういう直截《ちよくせつ》的な悪を好む一面、ひそかに義賊へかっさいを送るようなところも持ち合わせていた。

「盗みはすれど非道はせず」という理屈を設けて生まれた数々の英雄たち、「天保六花撰《ろっかせん》」の河内山宗俊《こうちやまそうしゅん》、片岡正次郎、三千歳《みちとせ》……、「白浪《しらなみ》五人男」の日本駄右衛門《にっぽんだえもん》、弁天小僧菊之助、赤星十三郎《あかぼしじゅうざぶろう》、忠信利平《ただのぶりへい》、南郷力丸《なんごうりきまる》、そして「三人吉三《きちさ》」や白井権八《ごんぱち》などなど。

「白浪五人男」の「稲瀬《いなせ》川のつらね」は泥棒どもの自己紹介だが、その気どった態度と、小気味よいセリフは、大向こうをうならせ、ただどぎついばかりの泥棒をよしとしない江戸っ子の心をしっかりつかんでしまった。彼らは泥棒でさえも、いきなものとして描かなければ我慢ならなかったのである。

弁天小僧「さてその次は江の島の岩本院の稚児《ちご》あがり、ふだん着なれし振り袖から、まげも島田に由井ケ浜、打ちこむ浪にしっぽりと、女に化《ば》けて美人局《つつもたせ》、油断ならねえ小娘も、小袋坂に身の破れ、悪い浮名も竜《たつ》の口、土の牢へも二度三度、だんだんくぐる鳥居数《とりいかず》、八幡様の氏子《うじこ》にて、鎌倉無宿《むしゅく》と肩書も、島に育ってその名さえ、弁天小僧菊之助」

鎌倉の名所めぐりをおりこんだ地口の洒落が見事である。

舞踊《ぶよう》をいうのに、昔から上方では「舞《まい》」といい、江戸は「踊《おどり》」といった。舞踊というのはこの二つの合成語である。

舞いはまわるの意からきて、施回運動をいい、おどりはこおどりするといったように、跳躍運動をさす。もちろん、この二つの動作をもって、江戸と上方の舞踊を、単純に分け離してしまうのは危険である。

ただ、上方には、歌舞伎のはじまる以前から能の舞、狂言の小舞といったものがあり、その流れに沿って舞踊が展開されてきた、といってもよいであろう。

上方を代表する舞、井上流の京舞、山村流の地唄《じうた》舞、いずれも動作をおさえ、地味ではあるが上品に、典雅で、みやびに踊る。静止するかに見えて動作はゆるやかな曲線を描いて流れていく。足は能のようにすり足で、静かに動く。感情は内に秘めて、極端には表に現わさない。

江戸の踊りは、歌舞伎踊りから発生したことが明らかである。

江戸の、ことに寄席で人気を博した豊年斉《ほうねんさい》梅坊主のかっぽれや、「深川」「奴さん」「豊年じゃ満作じゃ」などを見れば、一目瞭然で、上下動を基本にした直線的な小意気な踊りである。出てきただけで、座がぱっと明るく、にぎやかになる。何よりも気分が昂揚させられる。それが江戸の踊りであった。

第6章

地域性と県民性
そして日本の独自性

▽▽▽秋田美人のふる里は関西？

日本はかつて、六十六の国に分けられていた。それらの国々の人間像を記したものに、北条時頼《ときより》が作ったとされる『人国記《じんこくき》』がある。しかしこれは偽書で、実はいまから約三百年前の元禄ごろ、日本国内の商品流通が盛んになり、他国者の気性を知っておく必要が生じて書かれたものである。書物自体は偽書であるが、内容は真実に近く、なかなか、うがったことが書いてある。

このことは早くから、各国には性格と気質の差があったことが知られていたことを意味し、日本民族の多様性を示す証左となる。

井伏鱒二が昭和三十二年に発表した小説『駅前旅館』は、上野駅前の旅館番頭の目を通して、世態《せたい》人情を写し、評判になった作品だが、その中で、各地の人間気質を語らせている。

「いったいに東北の客は地味なので、世間では東北六県とひとくちに軽く言っているようだが旅館としてはこれ以上の客はございません。よくも親切に泊めてくれたと、番頭から下足《げそく》にまで一人一人に礼を言って帰るのがいて、確かにお世話になったという気持を見せてくれる」

「秋田、青森といった方面から先《ま》ず百人の学生が来るとすると、少なくとも百人の面会がある（略）関西以西から来る団体の場合なら、百人の客に対して面会は十人に足りないのが……」

「東北と関西では、学生が自分の下駄ひとつ探すにも風儀が違っている。オクスケ《おくすけ》は黙って、じっと見ている。（略）ニシマエ《にしまえ》の、特にせっかちな人と来ると、ろくに探しても見ないで『番頭はん、私の下駄が無くなった。どうしたんや』『それです』と言うと、それだとわかっても『そうだっかいな』と上の空で言うのがある」

これだけのちがいが歴然とあるのだ。

仮に、上に県名を書き、下に性格を書き、上下を線で結べという問題があったとする。

○北海道　岩手　群馬　大阪　熊本

○かかあ天下　がめつい　開拓精神　もっこす　日本のチベット

たちどころに線で結べるはずである。それほどに、一地域の印象は、ぬぐいがたいレッテルを持っているのである。

県民性として印象づけられている特徴にもいろいろあって、いかにもその地域の特性を的確に指摘しているものもあれば、時代の推移とともに、すっかり変容してしまっているものもある。

たとえば佐賀県。葉隠《はがくれ》精神として武士のバックボーンであったものは、現在の佐賀県人に求めることは無理である。

個人的特性や人口移動、マスコミの浸透という現象の中で、十把一からげというわけにはいかない点もかなり多いことを承知した上で、なおかつ、ぬきさしがたく残るところの県民の特性を考察してみたい。

ここでは関東と、大阪、京都を含む関西の二つの輪を対比的に考えてみよう。

関所をなかだちとしての西と東については前に述べたが、西と東という言い方は、どこから来ているのだろう。

日本では「南」と「北」ではなく、「東」と「西」という。北は北海道から南は沖縄まで、とよくいうのに、実際は、あくまでも東と西というとらえ方をする。

「とざい、とうざい。このところ御覧に入れまするは絵本太閤記、尼が崎の段……

とざい、とうざい」

は、人形浄瑠璃の冒頭の口上だ。歌舞伎の世界も同じである。

相撲は、「にぃーしぃ――」「ひぃがぁしぃ――」と行司が呼びあげる。

小唄の、両国川開きを題材にした「上げ潮」にも「東西、写し絵の儀は手元を離れ――」とある。

なぜ「南北」という言葉がないのだろうか。

中国の思想に「天子は南面す」という言葉があり、芝居、相撲、能などの芸能は北に向かって行なわれた。舞台から客席に向かって左、つまり上手《かみて》のほうが西、向かって右、つまり下手のほうが東になっている。最近では劇場の都合からか、例外もないわけではない。

相撲の土俵も北のほうを正面といい、反対側を裏正面または向こう正面、土俵から正面の客席に向かって右手が東方、左手が西方になっている。

東西と呼びかけるのは、舞台から客席に、向かって右手から左手の観客に、つまり東から西の観客への呼びかけなのである。

日本には、東と西という二つのまとまった地域があり、この両地域は互いに対立し、牽引し、浸透し合いながら、対照的な性格を保持しつづけてきた。この両者の支配が交代して現われてきたことに、何よりの特徴がある。

その支配の浸透のかたちを、日本の中心、畿内を例にとって考えてみよう。畿内とは、いまの関西地方で、歴史的、地理的にも日本の中心であり、もっとも安全な農業地帯であった。九州は台風、東北は冷害に常におびやかされてきたが、この地域は、かなり安定した農業生産を維持しつづけ、それが文化の栄える支柱になっていた。

いまも、京都の名物にニシンそばがあり、京都のタラとニシン、大阪の昆布といわれるが、実は原産地はともに北海道である。北海道から裏日本、日本海を通り、江戸を無視して文化の中心地に送り届けられた結果、北海道の特産物が京、大阪の名物になったのである。

時代は異なるが、北から南への流れとは逆に、東北地方に多くの人々が移住していった。秋田美人、新潟美人、庄内美人、津軽美人というのは、みな畿内型人間移住民の子孫である。

東北地方に斉藤、佐藤など、藤の字のつく名字が多いのは、畿内型の系統である

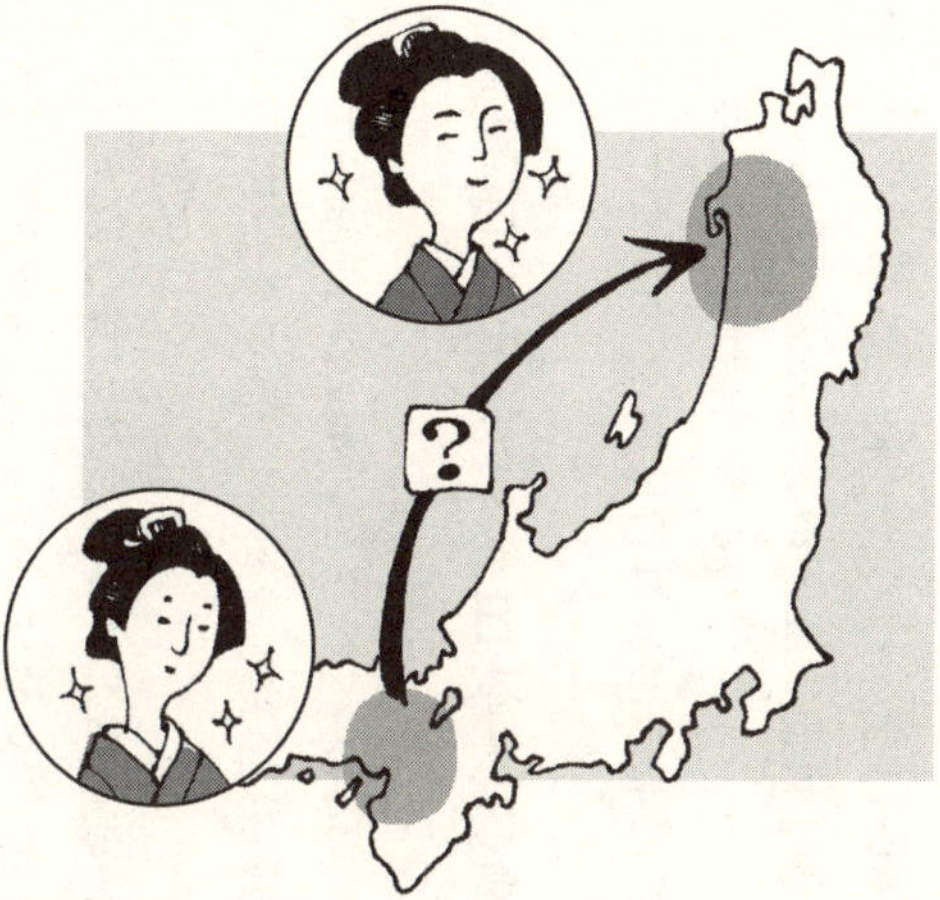

秋田美人のふる里は関西？

ことを表わしている。

京都は、西日本と東日本の交通の要で、人や物の交流する中心地でもあったため、畿内型はもっとも洗練され、さまざまな要素をもつタイプが生まれた。

日本人は体質的に、丸ぽちゃで皮下脂肪の厚い人と、細身で低血圧の朝鮮型という二つの型に分けられるが、いわゆる京美人というのは、細身のタイプをいう。一方、東北は丸ぽちゃタイプの、いわゆる「こけし」型美人で、秋田美人や新潟美人もこれである。

畿内ひとつをとってみても、人々は殻の中に閉じこもったままで、一方的に、他へ影響を与えるだけではなく、他からも吸収すべきものを吸収し、独自の個性をつくりあげていったことがわかる。

常に外部の世界から、新しい血を導入し、それによって蘇生していくのが、日本人の生き方であった。

貴族社会から武家社会へ、鎖国から開国へと、絶間なく繰り返してきた活力こそ、日本を支えてきたものといえよう。

▽▽▽東西に共通する日本人の気質を育んだもの

関東と関西は明らかに対比的世界ではあるが、広い視野で考えるならば、多くの点で共通性も有している。

ひとつは、暖流である黒潮の影響を受けていること。ともに東京湾、瀬戸内海に面しているため、港をもつことができたこと。背後に平野と山地を持ち、農作物の供給に便利がいいこと。西には奈良、京都、大阪という政治、経済、文化の中心があり、東にも鎌倉があること。

また両者は、相互に影響を及ぼしあったばかりでなく、西はよりいっそう西の、東はよりいっそう東の遠地まで影響を与え、その支配者でありつづけた。欧米人に対して、いち早く港を開いた横浜と神戸は、近代的な西洋文明の取り入れ口となったため、ともに著しい共通性が見られる。

黒潮にのった南方文化は、この列島に環太平洋的な文化をもたらす。稲作以前の芋栽培などは、南方文化と相通じる。

黒潮が文化の伝播《でんぱ》に果たした役割は少なくない。阿波（現在の徳島県）をはじめとする四国、そして、紀伊の人間が安房《あわ》（千葉県南部）の土地に移住して、彼《か》の地の文化をもたらしたことはその一つであり、よく知られている事実である。決して安房の人間が紀伊や四国に渡ったのではなかったのである。

南からくる黒潮は、三陸沖で北からの寒流（親潮）と出合う。南の黒潮が明るく澄んでいるのに対して、北の親潮は暗緑色をおび、暗くよどんで見える。

黒潮は内に含有されている栄養分が少ないため、動植物の生産力が低いが、親潮のほうは生産力に勝れている。

寒流と暖流のぶつかる地点では、栄養分に富んだ寒流のプランクトンが、暖流の暖かさによって増殖される。そのため、ここに多くの魚が集まり、豊かな漁場となる。

海の幸に恵まれた日本人にとって、魚は重要な蛋白源であった。海流が直接入ってこない内海では、鯛などの半深海魚を獲って動物性蛋白を摂取していた。

このことは、私たち日本人の気質の形式に大きな影響を与えた。第一次大戦の際、家畜を屠殺《とさつ》して動物性蛋白を摂取している民族が、もっとも残虐性に富んでいたという。日本人が牧畜民族などに比べて、残虐なことを好まないのは、海流が沿岸に運んでくる多くの魚類を採取し、食用にしていたからである。

また、日本列島は、アジア・モンスーン地帯に属しているため、梅雨と台風が南から定期便として訪れる。冬になると、北から季節風が吹きすさぶ。

南からの貿易風が東南アジアの文化をもたらし、北からの季節風が東北アジアの文化を運んでくる。日本は宿命的に、南北両方の文化を摂取する自然条件下にあったのである。

気候から見れば、日本は温帯圏に属しているが、南北の両端は亜熱帯圏、亜寒帯圏にあり、三つの気候帯にまたがるという珍しい条件下にある。

地勢も複雑で、火山は世界的にみても、一国には一種類の形式しかないものだが、日本には四つの火山形式が全部そろっている。

地質にしても、古世層《こせい》から近代の地層までバラエティに富み、断層、隆起、沈降、浸蝕など、さまざまの状態が随所に見られる。

私たちは、複雑多様な環境の中で生きてきた民族ということができるだろう。しかも、日本の国土はなお生き、揺れ動いている。地球のヒビともいうべき「地帯構造線」が日本を通り抜けていて、日本海側が沈降しつつありながら、太平洋側に少しずつ動いているのは、この地帯構造線の影響である。

山形県酒田市の沖にある飛島《とびしま》と、鳥海山《ちようかいさん》の山頂との距離は、年間三十センチ近くも開いており、東京湾はしだいに浅くなりつつある。

寒流も北に後退しつつあり、鰹《かつお》や鰯《いわし》のような暖流系の魚が日本海に近寄り、さらに、それすらもいまは近海、遠海と変動している。さんまも、はるか三陸の沖合に出なければ見られなくなった。

寒流、暖流の変化は、日本に気温の変化をもたらすが、だいたい三百年ごとに寒暖の周期がめぐってくるという。こうした気温の変化が、実は歴史の転換点ともいえるいくつかの大きな出来事の要因となっていることを見ても、気候がいかに人間生活を支配しているかが理解できよう。たとえば、冷害のときの飢饉《ききん》は、農民に多大の犠牲を強い、一揆《いっき》の引き金となり、結果的に歴史の流れをゆさぶり、ときに大きく変えてしまう。

前九年の役、後三年の役、天明の大飢饉などは、その六百年周期における寒冷期の頂点の時期に起った出来事である。

西欧の人にとって自然とは、人間と対立する存在であるため、拒否し、征服すべきものであった。しかし、日本人は自然を受け入れ、親和し、融合することによって独特の文化をつくりあげてきた。

ところが、自然を征服すべきものと考えはじめた日本人は、今日のような深刻な都市問題や、公害を生み出してしまい、手ひどいしっぺ返しを受けている。

自然は単純に見えて、その実、巨大なメカニズムと力とを持って、すべてを呑み込んでいる。私たちもその中で、ミクロな地域的個性をつくりあげてきたわけだが、この地域性は、系統立てて考えると、極めて理解しやすくなる。

大ざっぱに言って、東北型と西南型に分けると、東北人は落ち着きがあって、内向的。悪く言えば鈍重。西南人は明るく外向的で、悪くいえば軽躁《けいそう》なところがある、と考えることができる。ここには、南国的な気候と北国的気候の明らかな対照がみてとれる。しかし、ここではキメが荒すぎるので、大きく十三の型に分けて考えてみることにする。

▽▽▽日本人のタイプ十三――あなたは何型？

(1)海洋型（または西北九州型）

福岡県の一部と、長崎、佐賀、熊本がこれに入るが、この地域には海洋型の人間が多い。松浦《まつら》水軍、倭寇、ジャガタラ文《ぶみ》など、いずれもこの地方の人々が海外発展型の性格をもっていることを示している。

そのため、いまでも遠洋漁業に従事するものが多い。気質は、進取、開放的であり、体格は小柄で筋肉質の人が多い。

(2)東九州型

宮崎県北部及び大分県全体がこれにあたる。

海洋型に通じる気質が多く、だいたい色浅く、眉隆《びりゅう》が高い。性格は消極的で頑固。目立った産業がなく、貧困な土地柄のため、保守性、孤立性、閉鎖性が顕著である。

(3)南海型

鹿児島を中心とする南九州に、高知県、南和歌山、さらに千葉県南部に及ぶ大平洋に面した半島の先端地域を含む東西に細長い地域。

黒潮がじかに岸を洗う土地で、いわゆる「海上の道《うながみ》」によって、東南アジアの文化がこれらの地域に伝播した。この地域の海女《あま》が、三十尋《ひろ》(約五十メートル)の海に一分間も潜って仕事ができ、しかも潜水病にならないのは、南方型人間の強い心臓と、長い間の修練のたまものである。

気質は、素朴だが、やや粗放で、社交性に欠ける。

(4)内海型

瀬戸内海沿岸は、外来文化の銀座通りともいえる地域であった。朝鮮型の血流が多く、南海型も入り込んでいる。

感情の起伏が激しいが、社交的な性格にめぐまれているので、商人に適し、貿易業者や取引業者が多い。月賦販売業者の多くは、この内海出身の人である。

昔から大阪の商業資本をこの地の人たちが握っていたため、伊予（愛媛）、阿波（徳島）、讃岐（香川）の三国の地名を冠した屋号が大阪には多い。

(5)山陰型

山口県の北から島根、鳥取、兵庫、京都北部にわたる、律令時代からの山陰道の地帯。朝鮮の影響と、内海型と正反対の陰鬱質が重なって、気質は、閉鎖的、利己的である。

積雪地帯でもあるため、いまだに文化の交流は少なく、孤立しており、過疎化の傾向が著しい。昔から、島根、鳥取は、大阪商家の番頭や店員の補給地であった。一般に、行動性に欠ける傾向が強く、大きな力の前には屈してしまうところがあるが、コツコツとたゆまぬ努力を続けていく忍耐強さがあるので、それが高く評価されたのであろう。

(6)畿内型

大和、河内、和泉、山城、摂津の五畿内と、近江、越前、加賀の国、現在の金沢から大阪あたりまでの地域。

日本の中心であり、もっとも文化の開けた地帯でもある。伝統や階級に対して自由な考えをもち、開放的で明るく、社交的である。商業感覚が鋭敏である反面、自らを犠牲にするという考えが薄い。人を働かせ、一種の搾取によって暮らそうとする考えがあり、結果的に、他力本願になりやすい。

(7)東海型

伊勢（三重）から東海道を上って、愛知、静岡、神奈川に至る地域で、千葉の一部も含む。

北に信州、甲州の中部山岳型、南のほうに南海型と、相反する性格の地域にはさまれている。

日照に恵まれた南斜面のある土地が多いため、農耕が盛んである。商業的気風も濃厚であるが、大阪商人のような開放性はない。そのため、とかく足を引っぱり合うことが多く、大成功者を輩出することができない。

性格は明るく、努力型が多い。

(8)中部山岳型

福島、新潟、山梨県、岐阜県飛驒地方、そして長野県。

地質が悪いだけでなく、斜面が多く、交通不便な土地である。気候は冬寒く、夏むし暑い。全体に筋肉質の人が多く、忍耐力が強い。理屈っぽさと警戒心の強さが目立つが、その性格を打破できた者は、進歩的で指導者タイプの成功者になる。頭頂が低く、後頭部の出っぱった、鼻梁《びりょう》部の高い人が多いが、美人は少ない。

(9)関東型

東京を例外として、千葉県の北半分から、関東の大半がこれにあたる。千葉の方言が、南海型の影響を受けている一方で、茨城県の北から栃木、群馬の方言がまったく異質の山岳型であるのを見ても、この地域が二つの接点にあることがわかる。

元来は水田が少なく、畑地に依存していたため、二毛作ができない。言葉も性格も荒っぽく、自己主張が強くて、家を守る気風に欠け、大をなした人が少ない。婦人はしっかり者が多く、よく生計を支える。

(10)西東北型

能登半島から裏日本を北に、富山、新潟、山形、秋田の各県を経て、津軽半島に至る地域で、典型的な豪雪地帯である。雪どけの水は、夏の灌漑用水として、旱魃《かんばつ》を防ぐ役割を果たし、寒い地方にありながら、耕作に適している。

大和朝廷のころから、近畿地方からの移住者が多かったため、畿内型の特徴がみられ、古代京都の言葉が残っている。雪国の人間にふさわしく、強い忍耐力を持ち、いささか自閉性もあるとはいえ、努力型が多い。

⑾東東北型

仙台平野から北、宮城県と岩手県が入る。

近畿地方の文化が、東海道、関東を飛び越えて海路で入ってきたため、言葉にも畿内型の発音が残っている。宮古市は、「都」からきた地名であり、同地の人の体型は畿内型の特徴を有している。西東北型に比して、元来、開放的で、社交性もあるが、伊達藩の所領下にあって、五百年間、人民の移動が禁じられたことは、自閉的な性格をつくる要因となった。

気質は、素朴で、非常な努力型である。

⑿北海道型

明治になってからの開拓地であるため、寄せ集まりの地につきものの特徴が目立つ。いい面が強調されるとすばらしい人間を輩出するが、劣性が強まると悪い面ばかりが露呈する。三代目の「北海道人」が今後、開拓精神をどのように昇華させていくか興味深い。今後の日本を予想するなら、南北海道からもっとも優秀な人材が出るのではないかと思う。

⒀その他

沖縄県についていえば、何といっても悲劇の島という印象をぬぐいがたい。

沖縄は、かつて琉球と呼ばれ、島津氏の支配を受けながら、一時は清国《しん》（中国）の冊封《さくほう》を受けた中山王にも支配されるという、奇妙な二重支配の下におかれた時期もある。

しかし、沖縄県は本来、日本民族の古くからの居住地であり、住民はまぎれもなく南海型の特徴をもつ。

本土の縄文式土器や弥生式土器も、ここまで及んではいるが、同時に中国文化の影響も非常に強く受けている。

亜熱帯に分布する五十四の代表的島嶼《とうしょ》と無数の小島より成り、サンゴ礁の隆起による低平な土地が沖縄である。風と戦い、水の欠乏に耐え、酷熱下の労働を続けながら、彼らは生きてきたが、移民、船員、漁夫などになって土地を離れた者も少なくなかった。

生産性の低さ、民度の低さ、そして貿易という名の収奪、貧困がこの島の冠詞であったといえる。それが勤勉で努力型という性格をつくりあげてきた。亜熱帯に多くみられる怠惰性が少なく、温和で理屈を好まない。他国者にも親切で、正直である。

しかし、従順さとあきらめの早さは、人のよさにつながるが、同時に持続性に欠けるため、成功者は少ない。

▽▽▽千葉と和歌山の県民性の類似と断層

次に県民性の類似と差異を示す、ひとつの例として、千葉県と和歌山県の場合を探ってみよう。

千葉は上総《かずさ》、下総《しもうさ》、安房《あわ》の三国から成り、同じ県でありながら方言が三つとも異なっている。下総は武蔵の国につながって江戸の影響圏下にあったが、安房は名のとおり、阿波から移住した人によってひらかれた土地であって、海洋部族の性格が強い。

和歌山は「木ノ国」が「紀伊の国」になったことでもわかるように、山国の地である。しかし南紀地方は黒潮に面し、千葉県と地理的条件がよく似ている。総はフサで、麻の古名であり、安房はアワ、つまり粟である。両県とも、麻、粟、木というように、自然の産物に名を負っている。

鹿児島から、高知県、和歌山の南部を通り、太平洋に突き出ている半島の先々をかすめて千葉県南部（安房）に及ぶ、東西に細長い地域を、南海型と名づけよう。

黒潮に面しているので、南方的な血液が濃く、混血度が高い。また、メラニン色素が多く、縮れ毛の人が多い。

この黒潮にのって、千葉県には南の人びとが移住し、その文化をもたらした。

各地に散在する同一の地名をひろいあげてみると、次のようになる。

白浜——千葉県安房郡白浜町、静岡県加茂郡白浜村、和歌山県西牟婁《むろ》郡白浜町

田子《たご》——千葉県安房郡鋸南町《きよなんまち》田子、静岡県加茂郡田子村、和歌山県西牟婁郡深村田子

岩船《いわふね》——千葉県夷隅《いすみ》郡大原町岩船、和歌山県西牟婁郡栗栖川《くりすがわ》村石船
布良《めら》——千葉県館山市布良、静岡県加茂郡三浜町妻良、和歌山県田辺市目良
勝浦——千葉県勝浦市、和歌山県東牟婁郡那智勝浦町、徳島県勝浦郡勝浦町

南海型の特徴は、生産性が低いうえに、長いこと中央から僻遠《へきえん》の地であっただけに、劣等感が強く、閉鎖的で、やや社交性に欠ける。その裏返しとして、何かに触発されると強い陽性に変わり、過激な革命分子や優秀な学者を生むことがある。明治維新の際の薩摩藩士や土佐藩士の活動、房州の生んだ日蓮、和歌山から出た世界的な博物学者、南方熊楠《みなかたくまぐす》がその好例である。

千葉と和歌山の性質は、穏健、質実において通い合う。人のよさも目立った特色であるが、安房の女の勤勉さをもつけ加えねばなるまい。

下総地方は、それぞれ江戸と大阪という大都市に隣接し、その影響下にあったため、両地方には共通性があるといわれる。都市に依存して生きていく合理的精神が、後天的に形成されていく過程で、たゆまず学問を続ける傾向が生まれた。その代表的な人物として、日本中を測量した伊能忠敬、日本で初めて全身麻酔による外

科手術をした華岡青洲《はなおかせいしゅう》がいる。

もともと学者タイプに不似合な非持続的性格が、都市の触発によって変化し、成功を遂げた好例である。

しかし、和歌山県人は海外へ雄飛するほどの積極性に富み、アメリカやブラジルへの移民が多いのに対し、千葉県人には移民がほとんど見られない。紀伊國屋文左衛門のような投機性が見られない県民性なのである。

▽▽▽日本の中の「海洋民族」「山岳民族」

概して海洋に面した民族は陽性であり、山地の民族は陰性である。

関東地方でも、茨城県の北から栃木、群馬の方言は、山岳系に属して他県と異なっている。

いまこそ関東平野は、開拓により広々とした水田が見られるが、元来は水田が少なく、畑地のため、二毛作ができなかった。そして生産性が低いので、平将門をはじめ、明治維新の天狗党にいたるまで、反抗や反乱が絶えなかった。これが国定《くにさだ》忠治を生み、反抗的で賭博好きな人間を作った背景である。言葉も性格も荒く、自己主張が強く、家を守る気概に欠ける。

強気と弱気、合理性と非合理性の振幅が大きく、何かのはずみで一方の面が強く表面に現われてくる傾向がある。

関西の山地、たとえば、京都、丹後、丹波、紀北、伊賀などの人間は努力型、合理的で、忍従性に富んでいる。しかし、冷徹な性格を保持し、情にほだされることがない。よく働き、勤倹型である。

伊賀、甲賀の忍法は、山が生んだ自衛の組織であり、外部に対して、門戸を閉ざして戦うきびしさがあった。その反面、この地方は猿楽《さるがく》、居合抜き、猿回しなどの大道芸を生み、諸国をまわって情報収集の手段としていた人々が少なくないので、表面的には融通性のあるタイプが多いのも一つの特徴である。攻撃的性格より、自衛的性格が支配的といえよう。

このような性格に対して、最も対照的な位置にあるのが茨城県である。昔から骨っぽい、怒りっぽい、理屈っぽいが、水戸の三ぽいといわれてきたように、反社会的、発作的性格が強い。

水戸光圀《みつくに》や徳川斉昭《なりあき》を背景とする水戸学は、それを形成し、奉じた人々のなかから会沢正志斎、藤田東湖をはじめ、維新の英傑を輩出し、日本の思想史や教学史上に欠かすことのできない存在として知られるが、なぜかこれらの先駆者や水戸藩は、明治政府の中枢を握ることができなかった。維新には多大の役割を果たしたのだが、もう一つの推進力であった国学系の指導者に功を奪われてしまうのである。おそらく、理想主義に走るあまり、排他的で勝気な性格が表面にあらわれ、けむたがられて、時流に乗ることができなかったのであろう。藤田東湖も会沢正志斎も卓抜した理論を持ちながら、その裏づけになる経済観念や社会構造に対する近代的な認識が欠落していた。一般に、この地の人々は閉鎖性に対する反抗心は強いのだが、爆発的で持続性がなく、行きづまると、すぐに自滅の道を選ぶところがある。理想主義と弱気を虚勢につつんで、肩をいからせたポーズが特色といえよう。しかし、腹の底には黒いところがなく、率直で、正義感が強い。それだけに、他人の声に耳を傾けるゆとりがあれば、と思われてならない。

「浜っ子」で知られる横浜と神戸には共通の性格がある。いずれも、沖仲仕《おきなかし》を中心とする出稼ぎの人が集まったところなので、植民地的とすら思える一種の開放感が漂い、束縛されることを嫌う淡白な気性が生まれた。

陽性で派手好き、積極的ではあるが、利己的で、節操がなく、移り気である。また、時代の流れに敏感で、外国の流行をすぐ取り入れる気安さがある。その軽快さは、一種のあか抜けた行動に映るが、本質的な必然から発した行動ではない場合、単なる模倣もしくは根なし草に終わることが多い。

両者の中でも、横浜の場合は、外国文化への独自の志向性を持ちながら、東京の文化圏に属している関係上、東京に主体性を奪われ、固有の定着文化を育て上げることができなかった。もっとも、いわゆる「横浜文化」ともいうべき自由な気風が、花開いたときもあったが、主導的な文化としては、ついに実ることがなかった。

それに対して「神戸文化」ともいうべきものは、一見存在しているかのように思える。港の風景、メリケン波止場、そして元町、トアロード、六甲、芦屋、宝塚……いずれをとっても、近代の洋風文化の定着が見られ、他の地域とは異なる独特の風光を作りあげている。しかし、模倣の繰り返し、異端めいたもののてらいを見るにつけ、どこか軽い感じがしてならない。

近代的な文化を持とうとしたとき、その上澄みの部分は、常に東京と大阪という中心都市にすくい取られてしまう町。この悲劇を横浜と神戸に見る。

▽▽▽「偉大なる田舎」中部地方の可能性

東日本と西日本という呼称だけでなく、もうひとつ、表日本と裏日本という呼び方がある。

山陽地方に対しては、山陰地方がある。

表といい、裏といういい方は、おそらく現地に住む人々にとって耐えがたい呼称であろう。北陸地方の人は、弁当を忘れても傘を忘れるな、という。晴れていたかと思うと、たちまち雨やみぞれとなるからである。空は重たげに、どんよりと曇った日が多い。土地の生産性は低く、歴史的にも文化の発達がいちばん遅れていて、いわば陸の孤島の宿命を負わされている。

陰といい、裏という呼び方がいつの間にか定着してしまったことには、そのような背景があったのである。

ところで、東日本と西日本という両端の接点に位置するのが、名古屋を中心とする中部日本である。

岐阜、愛知両県にまたがる濃尾《のうび》平野の豊沃《ほうよく》さは、おそらく日本でも一番であろう。この中部日本は天災が少なく、気候に恵まれ、海と平野の後背地を持ち、しかも日本のちょうど中心地にあたる。

この恵まれた地域から、信長、秀吉、家康と、時代の英雄が輩出しながら、日本の首府が置かれることはなかった。

信長は安土を、秀吉は大阪を選び、家康はわざわざ大いなる田舎であった江戸を首府と定めた。その理由は、第一に、地理的条件である。近代以前は、商品を大量輸送するためには、船が大切な輸送機関であり、そのため航海に安全な海と良港、そして水利のよい川がなによりも必要であったからである。

大阪は瀬戸内海と淀川を擁するため、地理的条件は最良であり、東京湾と墨田川、利根川をもつ江戸も好条件の地であった。

一方、この条件からはずれた北陸や山陰、東北が、後進地として長い歴史を歩んできたのは、やむをえないことであったかもしれない。

信長は安土を、秀吉は大阪を、家康は江戸を選んだ

日本の政治の中心は、西や東に揺れ動いたが、中部地方はそのまんなかにあって、相互の影響を最も強く受けながらも、常に西と東の辺境であり、異端の地であった。そのため、豊沃の地でありながら、いわば「偉大なる田舎」としての扱いしか受けることができなかったのである。

西京、東京に対して中京という名誉ある呼称を与えられながら、中京文化が東西の京に対して主体性を持ち得なかったところに、この地域の問題性がある。中京はミドル（中間）ではあっても、決してセンター（中心）ではなかった。

しかし、この地から徳川家康を出したことは、その後も長く尾を引き、自分たちの規準が日本の基準であるかのように錯覚し、そのため自我の強い、自意識過剰とも思われる人が多いが、そのわりに大成する人が少ない。

名古屋を中心とした中京圏が、大きく変わってきたのは戦後である。東京という戦後の中心地に左肩をあずけ、経済的に西日本を制圧するほどの勢いになってきた。

しかも新幹線、東名、名神の高速道路、さらに中央高速道路と、こうした交通網の発達は、この地域の将来に、いっそう明るい光を投げかけている。偉大なる田舎が、今後、東と西に、どのような力を加えていくのだろうか。

第7章

現代における東京人と大阪人

▽▽▽ 権謀術数を利する政治家はなぜ生まれぬ

歴代総理大臣の出身地を見ると、東京に鳩山一郎が一人いるだけで、大阪には一人もいない。

薩長以来の閥が政界を左右した歴史があるとはいえ、これは意外である。大物政治家がいなかったわけではないのに、やはり権謀術数を利して、人を押しのけても総理の座につこうという気迫を持つ政治家が東京、大阪にはいなかったのだろう。

東京人は、物事に対して淡白であり、あきらめやすいが、「武士は食わねど高楊子」とばかり、やせがまんを張り通す一面がある。大阪人は、先を読み、読みぬいてからでないと、すぐには投げ出さない。「そんなしんどいのとつきおうてられるか」という言葉にも、先を読む確かな目と決断のよさが込められているとおり、常にソロバンが優先する。

スポーツの面でも、この気風が禍いしていて、相撲取りやボクサーなどが育たない。野蛮とでもいうべき稽古は苦手で、できる限り避けてとおりたいのだ。東京出身の力士には、横綱栃錦、巨漢東富士、出羽錦などがいるが、彼らには真の根強さがない。洗練された名人技とか豪快な一発を期待する技とか、ともすれば外見だけで考えがちであるが、粘りに粘って勝つというタイプではなく、ある種の淡白さがうかがわれる。

大阪人は野球が好きだ。阪神、南海、阪急、近鉄と四チームがあり、高校野球のメッカ、甲子園も、いわば地元である。それでいて、広島や中日、太平洋といったような狂態に近いファンは少ない。勝負自体を愉しんでいるのである。

甲子園球場は、地元高校が出場しないときでも満員になる。そして、応援するのはきまって弱いチームで、判官びいき的なファンが多い。それに比べて、東京人はなにがなんでも巨人というように、身を入れ込んで没入しきる。巨人が負けると食事もまずいというファンである。大阪人は、応援していた負けているチームが逆転すると、今度は応援も逆転してしまう。

▽▽▽作家に見る東京人と大阪人

開高健、小田実《まこと》、小松左京、黒岩重吾、田辺聖子、山崎豊子、司馬遼太郎、五味康祐《やすすけ》、藤本義一と、当代の人気作家であり、いずれも大阪出身の作家である。それぞれの作風の類似性はさておき、つぎに東京出身の作家を並べてみた。

吉行淳之介、安岡章太郎、三浦朱門、曾野綾子、なだいなだ、山口瞳、北杜夫、池波正太郎などであろう。

大阪の作家たちは、西鶴を生んだ土地柄にふさわしく、人間の生存本能に根ざしたものへの好奇心が強く、バイタリティに満ちた作品をつぎつぎに書いている、ということがわかる。がめつさ、明るさ、どぎつさ、ユーモアが好奇心に裏づけられて、えげつないほどの筆で生まれる。雑踏の汗とほこりがむせかえるままに描く。

これこそ大阪人の生活の実態でもあるわけだ。

ほとんどの作家が長篇小説型であり、テーマ主義で、ダイナミックな行動型が多い。

それに対して東京の作家たちは、いかにも半ズボンとセーラー服が似合う少年、少女たちが、そのまま大人になったような小説家が多いように思える。お坊っちゃん的、茶目っ気、おとぼけ、知的なディレッタンチズム、そして適度な不良性。作品は軽快で洒落ていて、鋭いタッチで短篇小説の妙手が多い。

大阪の作家たちが、強靭な胃袋をもち、モツでも煮込みでも、そしてコップ酒がいかにも似合いそうなのに比べると、東京の作家は大体が胃弱体質で、熱燗でヌタとか冷奴がよい、といった感じがする。

ここで、明治以降の東京の代表的作家を思いつくままに列記すると、坪内逍遥、尾崎士郎、樋口一葉、夏目漱石、永井荷風、谷崎潤一郎、武者小路実篤、志賀直哉、有島武郎《たけお》、芥川龍之介、堀辰雄、円地文子《えんちふみこ》、武田泰淳《たいじゅん》、大岡昇平など。

まず、近代文学の主流となった自然主義文学から私小説の系譜につながる文学者がまったく見当らないことだ。

総合的にいえば、芸術的、観念的、理想主義であり、非実践的で政治ぎらいが多い。

江戸のいきを受けつぎ、通の世界がいまも体質的に生きていて、潔癖で清潔好きな性格が共通して感じられる。

大阪出身の作家では、村上浪六《なみろく》、川上眉山《びざん》、与謝野晶子、宇野浩二、武田麟太郎、井上友一郎、直木三十五《さんじゆうご》、菊田一夫などがあげられる。市井の風俗に関心を持ち、庶民の生態人情を飾り気のない文体で提示した作家が多く、冷静な人間観察で、悲惨な関係を描きながら、どこかユーモラスな救いがある。

東京の作家が孤高・唯我主義型であるのに対し、大阪出身作家は座の中に遊ぶサービス精神があるからだろう。

▽▽▽「負けるが勝ち」の大阪人

「またも負けたか八連隊、それでは勲章九連隊」ということが昔からいわれた。八連隊は大阪、九連隊は京都であり、日露戦争で、出兵のたびに惨敗をくりかえしたところから、ひやかされたのである。

第二次大戦のインパール作戦のとき、ラングーンの兵站《へいたん》病院では、「安倍隊の者はあとまわし」といわれたという。安倍隊は第五十三師団で京都出身の兵から成り、弱くて足手まといになり、病院でもつまはじきされていたわけだ。

しかし結果は、安倍隊がいちばん生存者が多かったというから、うまく戦争の中をくぐりぬけてきたことになる。

源平・富士川の合戦にも関西人のいくさぶりが見られる。『平家物語』には、「関東二十万騎、草木もなびかぬはなかりけり」と表現している。この頼朝の引き連れた軍勢というのは、

「親討たるれば親討たれよ、子討たれば子も討たれよ、死ぬれば、乗り越え戦ふ候」

といった戦いぶりであり、平家の軍勢は、親が死んだら供養する、といって田舎へ帰り、農作の時期がくると、百姓をやらにゃいかんといって戦場を放棄してしまう、そんな戦い方にみえる、と平維盛《これもり》の参謀格、忠清《ただきよ》が記している。

関西の方が農業がすすみ、商業も発達していたことは、このことからも察することができるが、無理をしてまで戦うことはない、といったところに、一種の居直りがうかがえる。

大阪人は、権力を小馬鹿にしているところがある。そのため、権力のなかでもっ

とも権力的な軍隊社会というものには、いちばん適合しない。

戦国の武将、加藤嘉明《よしあきら》が面白いことをいっている。大阪城内での雑談の際、どんな武士が配下に欲しいかと聞かれたとき、嘉明は、

「自分は英雄豪傑はほしくない。彼らは名利を欲し、自分を目立たせようとする。だが実際には、あまり役に立たない。むしろ律義者で軍隊を編成したい。彼らは命令を甘受し、自分の解釈で進退をきめたりしない。退くなと命ずれば、絶対に退かない。進めと命ずれば、いかなる困難があっても前進する。勇敢な者よりも律義者の集団のほうが強い」

これは、いろいろなヒントを与えてくれる。

今東光《こんとうこう》の小説『こつまなんきん』に、

「大阪の兵隊はな、根が利口なんや……生還を期せずいうのは、機関銃に素手で立ち向う奴や。お前なら行くか。そんなん阿呆いうんやぞ。こちらにも機関銃持たして戦ささせ。せやなかったら犬死や。八連隊が二〇三高地で退却したんは賢いさかいや」

と書いている。

戦場で強かったのは、九州と東北出身の兵であった。ことに九州は熊本と鹿児島が中心で、いかにも九州男児らしく、ガムシャラに突っ込んでいったそうだ。ただ「南京事件」(昭和十二年)のような中国人大量殺人事件をおこしたのも九州の兵であった。

東北の兵たちは命令に忠実で、ねばり強さにおいて、その持ち味を発揮した。東京の百一師団は、関西とともに最も弱兵卒の集団といわれた。しかし、フィリピンのレイテを死守したときは、千葉の佐倉、甲府などの兵とともに、米軍をして日本最強の部隊と心胆《たん》を寒からしめたともいう。

生か死かの土壇場になれば、あとは生命力だけだ。そのときは、九州の兵も、京都、大阪や東京の兵もない。あるのは個人の生命力だけだ。無意味、無謀な戦いをできるだけ避ける、都会人的な判断、合理性が働いていたのではなかったか。

しかし、日常の生活において、究極の場に立たされることは滅多にないことだから、大阪人の「負けるが勝ち」といった論理と行動は、生きているはずである。

大阪と東京は、どちらが強いか。武力をいうのではない。性格の強さである。「江戸はわきて人心不適なるところ、後日の合せぬ所ぞかし」(『日本永代蔵』)

西鶴はつづけて、

「人みな大腹中にして、諸事買物大名風にやって見事なるところあり」

と観察する。

豪気な気性、竹を割ったような勇み肌。これが江戸っ子で、やたらに「べらんめえ」をふりまいた。しかし、これは多くが職人たち、いわゆる半纏《てん》者の連中のものであって、いい、かたぎの長着《ながぎ》の者のよくするところではなかった。

通人は、自己を高くみせようとする自己顕示欲を嫌い、自らへりくだる腰の低さと、茶目っ気な人が多い。むしろ、そのような人が純粋な江戸っ子だ、という人もいる。

たしかに、江戸は諸国のたまり場であったから、当然片意地を張ったり、がんばりを要求されたりしたであろう。大部分が一旗をあげ、故郷に錦を飾りたい連中の集まる所であった。

いっこくな人ばかりいる大広間

という川柳がある。

江戸城中の大名たちを笑ったものだが、「いっこく」とは「一国」のことで、自国のことは知っているが、その他のことはまるで知らないということをいったものである。

片意地の張った大名たちは、いずれも他国のもので、江戸っ子のあずかり知らぬ存在である。

いっこくではないが、一本気なところは江戸っ子の特徴である。負けず嫌いで、面倒見がよく、人の痛みを我が身の痛さと知る。たとえ火の中、水の中、そんな気性は火消したちの勢いに現れている。燃えさかる火中に、先を争って飛びこむのは、まさに男の強さであろう。

大阪人は、「負けるが勝ち」であり、「腹がへってはいくさができぬ」であり、「すまじきものは宮仕え」である。

無理をしない。自爆をしない。分をわきまえる。飛躍よりも日々の貯えが、結果として相手を越える武器になることを知っているのが大阪人である。

「江戸ものは小唄のやうなり、馬鹿者のやうなり、甚だ初心なり、金を回すことは甚だ不鍛練なり」（『升小談』）

というのは、江戸っ子をうまくいい表している。しかし、江戸っ子にとっては、金を回すことしか考えない大阪人は、がまんならないものなのだ。

東京は、ストレートに正攻法でぶつかる。その一瞬がすべてだ。大阪は軟投型だ。相手の力を減殺することに気を配る。最初のうち負けても、そのうち相手は疲れてくる。最後に笑う者こそ、真の勝利者である、と考えている。

東京の者は、汚く勝つより、いさぎよく負けよう、花は散りぎわが最も美しい、そういっているかのようだ。

▽▽▽どこまでも違う東京、大阪の金銭感覚

最近ではあまり聞かれなくなったが、大阪人の挨拶に「もうかりまっか」という言葉がある。軽い挨拶の言葉だが、いかにも金銭感覚に敏《さと》い大阪人を表わしている。

団地に入る東京人と大阪人の気質について、ある人がこう話していた。

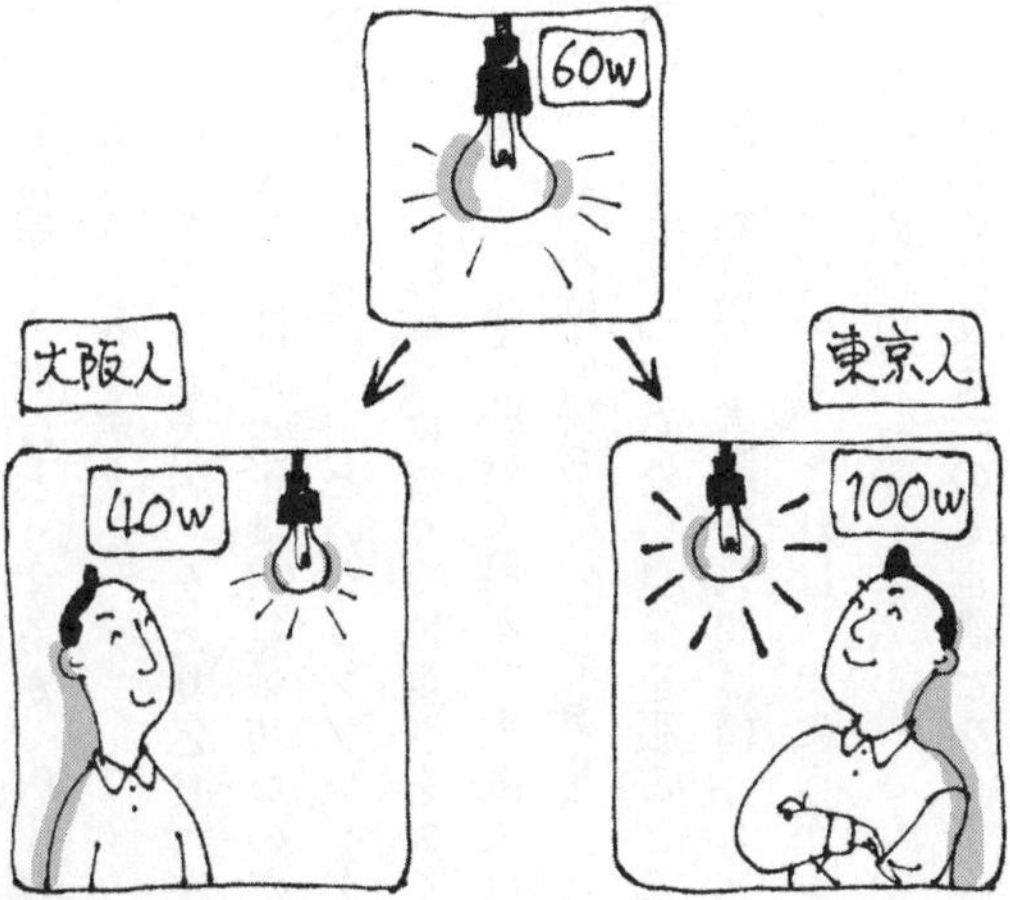

見栄を張らない大阪人

「団地には、部屋に六十ワットの電球がついている。これを東京人は百ワットにかえてしまう。大阪人は、逆に四十ワットにかえる。トイレの四十ワットは二十ワットにする。これが大阪人のケチ感覚です」

もう一つの例をひく。

「東京、大阪、名古屋の三都市の人間が食事をしたとする。食事がすむころになると東京の人間はそわそわする。三人分の勘定をいかにして大阪、名古屋の人に気づかれずに、支払いをすまそうか、と考えるからだ。大阪の者は、この料理は一人あたりいくら、東京の者が酒を飲んだから、これがいくらで、名古屋の者はビールとジュースか、とすばやく計算し、自分の分だけ用意する。名古屋の人間はどうするか。いずれにしても、二人が払ってくれるだろうからと、お礼の文句を考える」

「江戸っ子の往き大名、かえり乞食」が、こうなると、いちばん損をすることになる。つまり、江戸っ子は、見栄坊なのだ。見栄坊には、いいところを見せたい、自分を高く見せたい、というコンプレックスの裏返しのような面がある。それが高じると、行動は極端になり、慎重さを欠く。

一方、「石橋を叩いて渡る」大阪人は、「もったいない」という気持を忘れず、「無駄に使ふは心得ちがひ」であり、「銀がかねをためる世の中」だから、「算用大事」と考え、つまらない見栄を張るところがなかった。

滝沢馬琴は、「大阪の人間は倹なることを京に学び、活なることは江戸にならう」といっている。これは、実にうがった見方をしている。倹なるばかりで使うことを知らぬと思われがちだが、「きたのう過ぎて清く食え」は、「きたなくもうけて、きれいに使え」の処世訓となって、いざというときは、パッと散財する。

高価なものを購入する場合、意外に思いきりのいいのが大阪人である。たとえば、絵画などいまは贈答品などに使われている例が多いが、自分の趣味として収集する人々の中には大阪人が多く、それも安いものを数多くという態度ではなく、高価なものを一点買いする。また、書籍などの場合、美術書などの限定本、豪華本などの高価な本がもっともよく売れるのは、京都だといわれる。

ホテルの壁画の美術品を見ても、まがいものや複製画をかけて平気なのは、東京に多く、オヤッと驚くような名画が目立ぬ所に、なに気なく掛けてあるのが大阪である。ここらに大阪人の金銭感覚のはたらきが表われている。

▽▽▽京都で革新が強いわけ

三都の政治風土は、都市は革新が強いという例にもれず、いずれも革新の総計が自民党を上まわっている。

首長はいずれも、革新が独占している。

そこで誰もが不思議に思うのだが、千年の都、京都は神社仏閣も多く、いかにも保守の地盤のように感じられるにもかかわらず、蜷川虎三《にながわとらぞう》知事をずっと支援しつづけ、共産党議員が常に多い。

しかし、元来京都人の性格は保守的であり、それは変革について、きわめて強い拒否反応を示すことにも見られる。京都人は権力に対して、人一倍強く反発する。ただし、表だってはむかうようなことはしない。反抗しないのは、何度も戦火に焼かれたつらい経験が、血となり肉となっているからであろう。そのためか、京都を圧迫し、天皇をさらっていった東京に対する反発が強い。

そのような根強さがある一方、京都は伝統的に争いを好まないことから、とかくこのままでいいんだ、という態度をとりがちである。蜷川革新知事の政治的基盤は、実は「近代化」を進めようとする「保守側」への警戒心を抱く人たちの不安に立脚しているのである。いわば蜷川府政は、古都を守る、という性格と、外からの力を拒否する性格とがいっしょになったものといえよう。

大阪の議員構成をみてみよう。

	衆議院	参議院（地方区）
自民党	7名	1名

社会党	4名	1名
公明党	6名	2名
共産党	6名	2名
民社党	ナシ	ナシ

（昭和五十一年二月十二日現在）

民社党が一議席も持っていないのが特徴である。ここはかつて、民社党の委員長であった西尾末広の地盤であり、民社党王国とまでいわれたところだけに、この退潮ぶりはちょっと異常である。

しかし、つい最近までの民社党への支持ぶりを考え合わせると、一種の平衡感覚というものが感じられる。

一方に傾くと、すぐに一方の力が働き、バランスをくずさない。そこに変動を好まない大阪商人の気性が生きているように思われるのである。

東京の場合、すでに原東京人ともいうべきものは、一割にも満たず、他からの流入者たち、つまり新しい住民たちに占領されてしまった形であるため、選挙という数が決定するかたちでは、その特性は反映されない。ただ、衆議院において、自民党が十四名を占め、第二党の社会党の七名（昭和五十一年二月十二日現在）のほぼ倍であることに根強い保守の名残りを感じる。もし、大会社のサラリーマンや労働組合員を除き、商人や職人たちだけにしぼって選挙をしたら、保革の比は、九州なみの保守王国になるかもしれない。

しかし、現実には、東京の雑種性は、他地方、とりわけ都市への影響力が大で、革新支持のモデルとなっている。

京都人の根強い伝統への愛着性、大阪人の平衡感覚、東京の先進性、その三角形の頂点の上に日本人の未来があるのではないだろうか。

▽▽▽混沌の中から真の文化が生まれる

東京だ、大阪だといっても、徐々にその特性は失われている。東京の者は、三代住まなければ東京人の仲間に入れてもらえないというが、二世あたりは、もうすっかり東京人気どりだ。十年住んだぐらいで、地方へ出かけると、東京人だ、というポーズをとるようになる。

大阪人は、お前は大阪人や、というと、いや、親父は江州で、おふくろは伊勢やとか、三代前は土佐から出てきたとか、卑下というのでもなく、照れるでもなく、ぼやっと否定する。きっと決めつけられるのがいやなのだろう。「俺は江戸っ子」だというような言い方は、大阪にはない。「上方ぜえ六」というのも、自分からいい出したのではなく、他からつけられたものである。

そうした「どっちでもいいがな」という気持は、会話においては曖昧な表現となり、「さよか」といわれたときなど、共感を持たれた合図なのか、適当なあいの手なのかよくわからない。こういう例が少なからず見られる。

友だち同士の会話でも、「そんなん、やめとけ」といわずに、「ええがな、ええがな、ええかげんにやっといたら」というぐあいである。「そな、あほな」といっても、バカにされたとはかぎらない。

大阪の、このような曲線的性格は、たとえていえば曼陀羅《まんだら》の「胎蔵界《たいぞう》」型といえなくない。これは円形の中に、さらに円形がはめこまれ、女性的原理による知の世界を表しているものである。

一方、東京の直線的な性格は、「金剛界」型であろう。金剛界とは、直線で区切

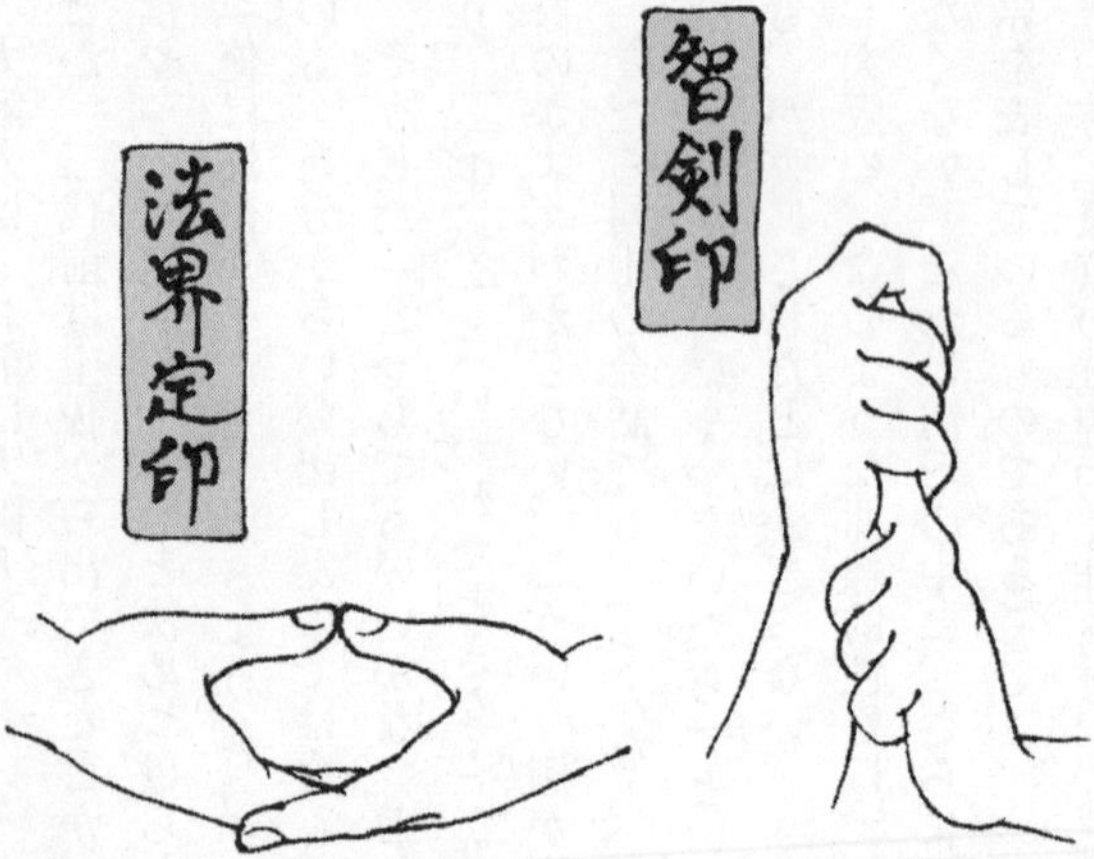

曼荼羅世界には対の思想が流れている

られ、男性的原理に立ち、理を象徴した図柄である。

金剛界の中心にある大日如来《だいにちにょらい》は、智拳印といって、左右の手を拳に握り、右の拳で左の人差し指を握る印を結んでいる。右手は仏を、左手は衆生《しゅじょう》をあらわしている。

胎蔵界の中心の大日如来は、法界《ほっかい》定印《じょういん》を結んでいる。これは座禅のときのように、膝上におかれ、両手を重ねて親指を向かい合わせた形で、両の掌で円形を結ぶのである。

こうした両者の性格が、巨大化する二大都市の中で、今後はたして、いかなる役割を果たすのであろうか。

すでに都市は、かかえきれないほどの問題にあふれている。公害や政治の腐敗、進むインフレ、エコノミック・アニマルの足元がぐらつき、いつまたくるかわからぬパニック。乱世というべきかもしれない。

しかしまた、東京も大阪も、実はそうした乱世の時代にこそ、むしろ絢爛《けんらん》たる文化の花を咲かせてきた。混沌の中から真の文化が生まれてくる。ダイナミックな、両極の対立と止揚とによって、真の文化創造が実現されるのである。

第8章

東西各県人の性格と特徴

▽▽▽栃木県――実行力はあるが理屈っぽい

江戸時代、この地方で最大の宇都宮藩で六万石、あとは十の小藩、天領、日光山領が入り組み、複雑な政治情勢にあった。また、この地は海に縁がなく、大部分が山で、寒暑の差がいちじるしい土地である。

下野国《しもつけのくに》の東半分は、古くは那須国《なすのくに》で、朝鮮からの帰化人が開拓した土地であり、この地方の人々には中央政府の影響と気風が強く、北関東型の下野の人とは異質な点が多い。

この下野型の代表は宇都宮近くの人々で、群馬県にも似た性格があるが、筋骨質の体型を持ち、非常に自意識が強く、実行力もある。しかし反面、理屈っぽくて形式にこだわりすぎる点もあり、人の足を引っぱるような人が多い。

栃木県で忘れてならないのは、金沢文庫とならんで、中世文教のメッカ、足利学校を持ったことである。図書の開放と、子弟の教育に力を注ぎ、それが理想家を生む基盤となった。さらに、江戸時代に日光東照宮が建立され、将軍や諸侯の行列を迎えることの刺激によって文化を高めたが、同時に門前町的な依頼心を育て、多くの温泉地を持ったことが依頼心によって生活する傾向を助長させたようである。

強気と弱気、打算性と非合理性、反抗性と消極性、向こうみずとだらしなさ、と一見相反する性格の混在がこの県民の特徴である。

足尾鉱毒事件に生涯をかけた田中正造の反抗心、正義感、理想主義は、この県のよい特性が高度に発揚された例証である。

体型は北関東の典型、女子には美人が少ないといわれるが、大田原以北には東北型の美人も混ざっている。

▽▽▽群馬県――家を守る働き者の上州女

「上州名物、かかあ天下にカラッ風」は、群馬県に固定したイメージを与えてしまった。たしかに夏暑く、冬寒い、北にはけわしい山が続くという厳しい自然のなかでは、よほどしっかりしていなければ生きていけないし、またおのずから強い気性が育っていくはずである。

かかあ天下というのは、今でいう女性上位というのではなく、働き者の細君が家の中心になり、家を守っていくということであり、男が外で自由に、安心して働いていけるということである。

生糸や絹織物を持って江戸や横浜に出かける男衆が多かったから、さらに女はしっかりしなければならなかった。ただ、上州女は働き者で、正直で、猛婦型より心根のやさしい、あたたかい人が多い。ただ、表現において粗野、田舎者の野性がむきだしで、恥じらいがちであるため、この点がマイナスといえるかもしれない。

男のほうは、向こう気が強く、荒っぽい。強引なくせに、物事を完成しようとする持続性に欠け、尻すぼみに終ることが多い。なかには楽天的で、大らかな人もいるが、だいたいが外向性のうらに内向性を秘め、調子はいいが長続きせず、群衆心理の傾向が強い。

かつて群馬県民へのアンケートを試み、「上州人を代表する人物を一人あげて下さい」と質問したところ、国定忠治が圧倒的に多く、四十パーセントを占め、二位が新島襄《じょう》の九パーセントであった。忠治の人気の程が知れよう。芸術家や学者がいないわけではないが、ほとんどあげられず、武ばったものが好きな性格がわかる。

ところが、萩原朔太郎、山村暮鳥、平井晩村、高橋元吉《もときち》、村上鬼城、伊藤信吉《しんきち》などの詩人が輩出しているのはなぜだろう。合理性、打算性、武骨さなどへの反発からであろうか。

群馬県は他国者が出世できる土地であるといわれるが、閉鎖性のなかで、互いに足を引き合っているスキを突かれることによるのであろう。

▽▽▽埼玉県——権謀術数は苦手

埼玉県は人口増加率で日本一の県である。東京からの流入人口の増大が、この県を第二の東京にしてしまった。

もともと、関東平野の一部を占めていて、地形的にも他県との明確な境界がなく、行政的にも古くは武蔵国の一部分、江戸時代は天領、旗本領、諸藩に細分されていたという土地柄から、団結心に乏しく、県民性としてあげるべききわだった特徴がない。

ただ、秩父を中心とする山地にはまだ古い気風が残っていて、平坦部の人たちとはまったく異なる、封鎖性と封建的な気風を持っている。秩父地方の人々は、素朴で誠実だが、内部には激しさと息の長いエネルギーを秘めている。秩父の夜祭りは、その象徴とみることができよう。

全体的にみて、この県民性は、平凡であっさりしていることで、よくいえばおっとりしているが裏返せば粘り気がないともいえる。

勝気を装っていても、ごりおしをして破局を招くようなことはしない。ちゃんと転身の機を心得ているのである。あてにならないところがあるが、それはずるさからでなく、気の弱さから出たものである。

大きな政治性に欠けるため、権謀術数を苦手とし、正面からぶつかるためにすぐ腰くだけになってしまう。

これらの性格は、江戸・東京という大都市の影響下におかれてきたことによる、身についてしまった知恵、処世術ともいえる。ちなみに、明治大正期に東京の女中、丁稚、工場労働者などの供給源であったし、現在も東京都内在住の県人の多くは、酒屋、駄菓子屋、旅館、そば屋、あんま、そしてサラリーマンである。

人の交流が激しいので、身体的特徴はないが、どちらかといえば、南関東型の椿円顔で、比較的整った顔立ちだが、色の白い人は少ない。

▽▽▽茨城県――骨っぽい、理屈っぽい、怒りっぽい

骨っぽい、理屈っぽい、怒りっぽい、のいわゆる「水戸の三ぽい」を茨城県人一般の性質と考えることができる。

徳川光圀《みつくに》と斉昭《なりあき》によって堅持された水戸学は、明治維新の先駆者を繁出し、思想史、教育史の上では忘れることができない。この水戸学も、維新後は、国学系の指導者に功を奪われ、また、政治の面でも指導的地位につくことができなかった。これも現実無視の理想主義と排他的な勝気性が災いしたからであろう。この三ぽいの中には、強気の裏に虚勢がかくされているのである。

藤田東湖の理想主義と闘争主義の硬骨は、たしかに水戸人の気風をよく表している。しかし、この水戸学の影響を受けて立ち上った水戸浪士団、天狗党の行動は、内外の現実を無視した尊皇攘夷の旗印でしかなく、結果としての悲惨な敗北に終っている。現実無視の独善の例であり、思想の裏づけとなる経済観念や社会構造の認

識、近代的センスに欠けるところに原因がある。

素朴で正直だが、心の広いところがなく、万事にあきっぽい、温和ではあるが、不誠実さも見られる。

県の北部はことに社会性に乏しい。これに対して、南部は開放的で明るく、商業的な人が多い。

体型は骨張って身長低く、丸顔、低い鼻、胴長短脚の北関東型と、楕円形の顔で鼻高く、やや長身で顴骨《かんこつ》の低い東京湾沿岸型が混在しているが、前者のほうが多い。利根川の沿岸は江戸時代以来、香取、鹿島、成田山の参詣の土地であり、交通の要所でもあったので、人の交流が多く、近畿からの移住者もあるらしく、性格や体型は複雑である。

▽▽▽千葉県――明るく温順

「古来上総《かずさ》には兇猛な悪徒がなく、盗賊にも小盗が多くて、強盗は出ないといい伝えられている」とは、成東《なるとう》出身の歌人、伊東左千夫の言葉である。これはよくも悪くも人柄のおとなしさと保守性を表わしている。外洋と湾に面し、災害の少ない土地と、温暖な住みよい風土に恵まれているため、克苦精励しなくても生活できることから、人と争ってもという気風が少ない。じめつかず、からっとしていて、保守的だが享楽的で活動的であり、人のよいのが特徴である。

南部の安房《あわ》は、南国的で人情味に富み、積極的であり、特に女性は情熱的で働き者が多い。

日蓮は房州の出身で、積極性と理想主義を体現した人である。

県中央の上総は、木更津《きさらづ》の「金鈴塚」にみられるように、早くから大陸の豪華な文化が入ってきた土地である。江戸時代は小藩が入り組み、維新後は東海道筋の諸藩が懲罰としてここに移されたため、住民構成に変動があり、戦後は工業地化の波にさらされるという土地柄である。そのため、古い地域性はゆさぶられつづけた。

東部は比較的中肉中背の楕円顔、筋肉質が多く顔だちも整っている。西部は移住者が多く、知的水準が高い。

県の北部は、江戸と交流が多く、いまも東京のベッドタウン化は進行しつつある。

都会的な打算性と合理性が多くみられる。佐原《さわら》出身の伊能忠敬は、その特性を和算（数学）と測量学に生かした好例である。

東側の海岸地方は情熱的で明るく、積極的な人が多い。西側の地方は、温順な人が多い。

▽▽▽東京都――社交性と孤立性

「江戸は諸国のハキダメ」といわれるほどで、東京人の性格をとらえることは難しい。

江戸っ子的性格はたしかに明治・大正のころまでは生きていた。しかし、著しい人口の流入によって、現在では生っ粋の東京っ子というのは、もう一割にも満たないだろう。いわば日本人のごった煮が東京である。

とはいえ、朱に交われば赤くなるの例のように東京に入れば、東京的気質に順応されていくのもまた当然なことである。

山の手と下町とでは、はっきりとした相違点がある。明治維新後、薩長土肥の武士が新たな支配者として居を構えたのが山の手であり、旧来の町人、つまり「江戸っ子」の町が下町である。江戸時代、山の手は武家、下町は町人であったものが、山の手は官吏と軍人、下町は商人と職人の町へと変化していった。この住民の違いが、地域の気風を作り、一方のインテリ、他方の非インテリという相違を生んだ。

下町の人は義理人情に厚く、気っぷがよく勇み肌。山の手は合理主義、個人主義的である。

東京の現代っ子は、都会的な明るさを持ち、陽気で社交性に富み、反応が機敏である。相手の個性を尊重するという明るい一面を持つが、それが行きすぎると、都会的な孤立性、身勝手、わがまま、他人の思惑を考慮しないといった乾いた性格をつくりあげる。

飽きっぽく、意思が弱く、不和雷同性があるのも東京人の特性であり、協同性というより、むしろ野次馬的である。

生っ粋の東京人が少なく、他県の人間が多いという土地柄から生ずる植民地的性格は、不合理なものを捨て、新しいものを受け入れる自由な態度を育て、その自由さが良くも悪くも東京の近代化を進めてきた力であることは否定できない事実であろう。

▽▽▽神奈川県――植民地的気風

三浦三崎は女の夜這

男後生楽、寝てくらす（『三崎甚句』）

房州女とならんで、相模《さがみ》の女は浮気者で尻軽の見本のようにいわれている。相模の女は江戸へ出て下女になる者が多かった。下女は好色咄や川柳の主要人物として、なぐさみものの対象とされたため、余計にそんな話が広められたものだろう。しかし、実際には相模の女は働き者だった。

神奈川は東京の行楽地という性格を持ち、大山詣の際の秦野、伊勢原、厚木、町田などは、その門前町であり、鎌倉、江の島、箱根は観光地として多くの人をひきよせた。

スタイリストで依頼心の強い都会型性格は、このような背景から生まれたものであろう。

県民性は、浜通り、中通り、三浦地方、山間部で若干の差がみられる。浜通りは依頼心が強く悪がしこく、中通りは農民的で善良な努力型、三浦地方は漁業的で明るく、貧困だが正直、山間部は純朴だが少々がんこ。また横浜には「浜っ子」という植民地的な開放感があり、淡泊である。

東京という大都会の持つ強い影響力に加えて、門前町、軍港、商港、遊山地、別荘地とさまざまな新しい土地柄が生まれたため、県民の結束に欠け、お互いに足を引き合うという悪風が強く残っている。

表面は強気だが、根は弱い気性で、やや神経質。軽快または軽薄で、都会的に洗練されてはいるが、がめついところもある。

よいところは、全体に明るく、社交的で、努力をおしまぬところであろう。ただ、これらの性格が、ひとつの明らかな個性として強烈に出てこないところが、神奈川県民のものごとに対する曖昧さとして現われるのではないだろうか。

▽▽▽三重県——人間関係に巧み

伊吹山の賊を退治した日本武尊《やまとたけるのみこと》が、伊勢の能褒野《のぼ》で亡くなる前、「わが足、三重に曲る如くいたく疲れたり」（『古事記』）といわれたのが、この県名の由来といわれる。

県内には伊勢神宮があり、県全体が門前町のようになっている。伊勢は神宮と、売春防止法成立前に二十三ヶ所もあったという遊廓との、二つの吸引力が各地から人を引きよせたため、伊勢本来の産物である米、木綿、白粉のほかに、他人の財布をあてにする商売が盛んになった。

「伊勢乞食」という。これは「伊勢っ子正直」が訛ったものだというが、ちょっと苦しいこじつけである。みずから生産せず、商取引に生き、あの三井家（松坂）を生んだ伊勢商人への、そねみから出たものであろう。

江戸で伊勢屋というのは、質屋の代名詞だが、また一方では金持ちのことでもある。

他国者に対しては愛嬌よくつきあい、警戒しながらも取引きを成功させる商売のカンを持ち、自己防衛の巧みな人が多い。主張すべきことはちゃんと主張するが、ときに内気でそれができない人もかなり見うけられる。人間関係の中に身をおいて生きることに巧みで、表向きは強引さをとらない。

伊賀、志摩、紀伊の一部が伊勢の国を中心にして成り立っているのが三重県である。

志摩は海を持った山地である。いまも昔ながらの漁法に生きる海洋業は、篤実な面と激情性を合わせ持っている。志摩の海女が有名で、黒潮の関係で色黒く、筋骨型で美人は少ない。

伊賀は忍者で有名だが、人柄はおだやかで朴訥《ぼくとつ》な人の多いのどかな盆地である。

伊勢の人は、色は白くないが、筋肉質で楕円顔で、名古屋人に共通しているが、美人は少ない。

▽▽▽奈良県――平凡人

不動産の山林がものをいってか、生活保護を受ける人が最も少ない県である。犯罪も非常に少ない。これは長所だが、いいかえれば大金持ちが少なく、盗むものといったら野仏ぐらいのものだからであろう。いってみれば、奈良朝文化の遺産で食っているようなものである。

自然災害が少なく、この県にいれば最低生活に追いこまれることがないので、人々の反応はのんびりしている。たまに反応の早い人がいると、あいつには気をつけろ、となるくらいである。

奈良は何といっても最古の歴史に包まれて育ってきた県である。排他的な京都に似ているが、その性格はずっと弱いようだ。寺院のつくり方にも似て、奈良のほうがのんびりしている。

この県は、長く商業都市大阪に労力を供給しており、養子、番頭、丁稚の供給地であった。労力を提供するだけで、経営の成功者は少ない。奈良は教育が盛ん、といわれるのも、この番頭や丁稚のために町人教育をしたからである。

奈良県人は政治家や軍人として出世することをたいして評価せず、平凡な生活を喜ぶ。

現在、旅行者が接する奈良の人はほとんどが他国者である。観光業の九十パーセント以上を他県の人に握られているから、観光業者の性格を持って奈良県人の性格と思ってはいけない。奈良の人は移り気で、大成者が少ない。

体型は、細身で顴骨が高く、色青黒い、やや朝鮮型の人と、胴長短脚で肥満型、楕円顔の人が多い。美人は少ない。

▽▽▽和歌山県――南国的な積極性と投機性

紀伊国《きいのくに》はもと木ノ国といったように山国である。和歌山は、若山からとったものである。

和歌山県人のイメージはと聞くと、紀州とくればミカンとなるように、ミカンの甘さと気候の温暖さから、性格温和であるという人が多い。しかし、土地の人は情熱的で、荒々しく、反抗心が強いという。

荒海をついて大きな賭けを成功させた紀伊國屋文左衛門がその イメージの頂点である。

紀北と紀南では性格の違いが見られ、紀北は大阪に近い関係から、都市的な依存性と機敏さがみられ、ガメツサと打算性を大阪から仕入れてきたようである。これに対して紀南は、山の中であり、朴訥な気風を残している。

全体的に明るく、好人物が多い。また非常に一途なところもあり、白浜の生んだ奇人で世界的な学者の南方熊楠のスケールの大きさは、いかにも南国的で日常的な些事《さじ》にとらわれない点も表わしているといえよう。

一か八かの投機性を好むところがあり、計算に基いているときはいいが、肝心の知的配慮に欠けるところがみられる。明治以後、アメリカやブラジルへの移民が多かった。これは郷土の貧困さと、紀文に代表される積極性、投機性がそうさせたのであろう。遠洋漁業の乗組員が多いのも、同じ理由によるものであろう。

現在は、大阪や京都をめざす商業型と、海外をめざす理想家型とが共存しているようである。前者が松下幸之助ならば、後者は銚子に出てしょう油づくりに成功した浜口儀兵衛があげられるだろう。

▽▽▽大阪府――義理と人情の中に合理主義

「阪僑《はんきょう》」なる新造語は大宅壮一がつくった。これは東京その他における大阪人のあり方が、世界各地における「華僑」と共通するところからいわれたものだが、それは金銭第一主義と見えるからであろう。「もうかりまっか」という日常の挨拶は、それをよく表わしている。

島ノ内、船場を中心とした大阪商人の「ガメツイ」気風は、功利、実利、実質を尊ぶ商人にとっては当然のことであり、その打算性だけをけなすのは当たらない。大阪商人の商売に対する真剣さには、エゴイズムの要素が少ない。カバンひとつ買いに入っても、その店に希望のものがなければ、他の商店を紹介してくれるのは大阪だけだろう。相互扶助と道義を重んずるのが大阪商人である。

スキのないようにみえて、大阪人は食い道楽であり、万才や喜劇を非常に愛好する。合理主義の一方では快楽という余地をちゃんと残している。

また大阪人は反政府、反官僚的ではあるが、表立ってたてつくことはせず、ヌラリクラリと切り抜ける術で対抗する。上から律するという縦の関係より、義理と人情、人と人との関係、つまり横の関係のほうを重視するためである。

この横の関係を重くみる気風は、排他性が乏しく、各地の人間を暖かく受け入れる気風にもつながる。釜ヶ崎などに全国から浮浪者が流れつくのも、挨拶ひとつで仲間意識を持ちあえる人間関係と、少ない金でも生きていける実利性があるからだろう。

そして意外に古いものを守り、節句や祭礼、迷信が生きつづけているのは興味深い点である。

▽▽▽京都府——覚めた政治感覚

「京都ほど閉鎖的なところはない。よそ者は絶対に受け入れられない土地だ」と他県から京都に来て生活した人はかならずいう。この排他性は、料亭などが「一見《いちげん》の客」を入れないというところにもみられる。

観光客として人の出入りが激しいため、他国者への警戒心が強くなったためだが、一方では、その他国者の落としてくれる金に依存しなくてはならなかったから、それなりの知恵を磨いた。あのやわらかいイントネーションの丁寧な言葉は、人の心をそらさぬものだが、聞くほどに曖昧になっていく。京都では人によばれても、それをマにうけて出かけるものではないという。間接表現が多く、断定をさけ、すべてがボカシであり、どっちにとられても損のないようにできている。これはまた政変の激しい土地柄から生まれたものであろう。

このような冷徹なように感じられる京都人だが、しかし冷酷ではない。理性の勝った覚めた心を持っている。長い間の生活経験から相互扶助の習慣を持ち、政治は自分たちを守ってくれないことをよく知っていて、みずからの手でみずからを守ってきたのである。

そうした根強さは、反権力的なものとして、最も革新的な政治をすすめるといったような強さをも持っているのである。

仏教へのあつい信仰、容易に変えようとしない生活慣習。これが日本人の古来からの文化を残しているのである。

体型は朝鮮型に近く、より細身であり、長顔、青白く、毛深くない。やや低血圧で貧血気味。この中から小野小町型の人間が出た。これに対し、郊外には胴長短脚、ずんぐりして、やや赤ら顔の丸顔、筋肉質の人が多いようである。古い絵にある引き目鈎鼻の藤原型美人は、この中から出ている。

▽▽▽兵庫県――多種多様の気質

摂津、播磨《はりま》、淡路、丹波《たんば》、但馬《たじま》の五ヶ国をかかえた兵庫県は、地形的にも人間的にも非常に複雑である。

北部は山国で孤立した地域も多く、南部はガラリと変って神戸など、早くから外国文化の影響を受けたところといったぐあいである。

北は京都文化が入って静かな所であるが、生産性が低く、ために人間はいいのだが引っこみ思案で小成に甘んじる人が多い。南は灘五郷の酒で知られ、平野も広く、人口も当然多い。その性格は明るく、積極的である。

港町神戸の印象が強いので、この県の代表的性格と見られがちだが、神戸はいわばこの県の寄せあつめ——植民地というべきであろう。

もっと細かく見てみると、但馬人は地味で素朴、鈍重で誠実、保守的で親切、但馬牛の風土にピッタリである。中部山地は真面目で、やや一途なところがあり、努力型が多い。美人も中部には多い。同じ山地でも播磨の北、但馬の南の地方は、民度が低く、保守的、排他的で飽きっぽい。しかし性格は善良で温和であり、筋骨質で色黒が多い。美人は少ない。

淡路島は、徳島県に近い性格を持ち、明るく派手で陽性である。欠点は持久性がなく、感情の浮動が激しいことであろう。

神戸の人は開放的で陽性、派手好きで積極的、すべてに強気だが、利己的で節操がなく移り気である。元来、尼崎《あまがさき》、西宮《にしのみや》、御影《みかげ》などに土着した人と同じく着実で保守的、温和なタイプであったが、しだいにこのタイプの人は少なくなっていったのであろう。外国の流行や時代の流れに敏感であり、植民地的な開放性は一見洗練されているように見えるが、実は自分の生活の必然性に発していないだけに、異端をてらったり、模倣をくりかえすだけの「根なし草」のようなものになってしまう。

これが「神戸文化」が育たない理由であろう。

▽▽▽滋賀県――近江商人を生んだ「正直」と「堅実」

近江商人というのは、正しくは蒲生《がもう》、神崎《かんざき》、愛知《えち》の三郡、とくに近江八幡、日野、五箇荘を中心とする地方の商人のことで、始めは行商、後は都市に出店を経営し、金融、漁業、工業にまで手をのばした人々のことである。

彼らの信条は「正直」と「堅実」、勤勉さと努力が大事とされ、それが「江州商人の通ったあとには草も生えない」とか「近江泥棒」と呼ばれるほどの金力を持たせたのである。近江人は利益をそっくり故郷に持ち帰り、質素倹約を旨とし、子孫に財を残すことを第一に考える。これが先の言葉を生むもとになったのであろう。ぜいたくは避け、家も大きくせず、大成功者になっても郷里に寄付するというようなことはほとんどない。近江八幡の町並みは、豪壮な邸宅こそないが、途方もない資産家が多いという。

伊藤忠、丸紅、西川、伴伝などは近江商人の系統である。

近江の人は商業的だが、勤労によってのみ報酬を得るという気持が強く、努力型で、カラクリや要領のよさを認めない。県内に観楽境が少ないのもそのためである。

全体として、県の南寄りは躁鬱《そううつ》型で明るい人が多く、北には無表情な人が混ざり、計画性があって合理的な人が少なくない。一般的に粘り強く辛抱強い。ただ軽快、寛大、淡泊さなどに欠ける人が多い。

県民同士の団結や助け合いは強いのに、県人会の活動はいつも足のひっぱり合いで、不成功に終るという。大きく団結するということがないのであろう。

体型は、京都型と東海型の中間で、中肉中背、やや色黒く、楕円顔。ときに京風の細形美人もいるが、いったいに目立つ人が少ない。

参考文献

●単行本

宮本　又次『関西と関東』　青蛙房
〃『京阪と江戸』　〃
〃『上方と坂東』　〃
〃『関西文明と風土』　〃
会田　雄次『日本の風土と文化』　筑摩書房
宮城　音弥『日本人の性格』　講談社現代新書
林屋辰三郎『日本文化の東と西』　〃
梅棹忠夫他『日本文化の構造』　〃
板坂　元『町人文化の開花』　〃
加藤秀俊他『町人から市民へ』　〃
小松　左京『妄想ニッポン紀行』　講談社文庫
池波正太郎『江戸古地図散歩』（正・続）平凡社
川崎房五郎『江戸八百八町』　桃源社
池田弥三郎『日本故事物語』　河出書房

田辺貞之助『日本風流故事物語』　淡交社
加太こうじ『江戸ッ子』　〃
〃　『落　語』　教養文庫
佐野都利子『東京おもかげ草紙』　中日新聞
高橋　富雄『日本史の東と西』　創元社
祖父江孝男『県民性』　中公新書
山本為三郎『上方今と昔』　文芸春秋社
興津　要『落語と江戸っ子』　参玄社
奥野　健男『現代文学風土記』　筑摩書房
司馬遼太郎『手掘り日本史』　毎日新聞社
三田村鳶魚『三田村鳶魚全集』　中央公論社
大藤時彦他『風土記日本』（全六巻）　平凡社

●雑誌

歴史読本「江戸ものしり事典」　50年9月号
〃　「東西対決の日本史」　49年7月号
〃　「日本たべもの百科」　49年臨時号
週刊読売「大阪人特集」　50年3月29日号
解釈と鑑賞「江戸と上方」　38年12月号

この作品は、一九七六年にホーチキ出版（英知出版）より刊行された。
本書に登場する地名や人名、時代背景、データ等は発刊当時のものです。

著者紹介
樋口清之（ひぐち　きよゆき）
1908年、奈良県生まれ。国學院大學史学研究科を卒業。同大學名誉教授。静岡県の登呂遺跡を始め、参加・指導した発掘は400カ所に及んでいる。
著書は『図鑑日本の歴史（全八巻）』（学習研究社）、『梅干と日本刀』『逆・日本史』（以上、祥伝社）、『日本風俗の謎』（大和書房）、『〔新装版〕日本人はなぜ水に流したがるのか』（ＰＨＰ文庫）など多数ある。
1997年、逝去。

ＰＨＰ文庫　関東人と関西人
二つの歴史、二つの文化

2015年4月21日　第1版第1刷

著　者	樋口清之
発行者	小林成彦
発行所	株式会社ＰＨＰ研究所
東京本部	〒102-8331　千代田区一番町21
	文庫出版部　☎03-3239-6259（編集）
	普及一部　☎03-3239-6233（販売）
京都本部	〒601-8411　京都市南区西九条北ノ内町11
PHP INTERFACE	http://www.php.co.jp/
組　版	株式会社PHPエディターズ・グループ
印刷所 製本所	共同印刷株式会社

ISBN978-4-569-76361-3

PHP文庫好評既刊

地名で読む江戸の町

大石 学 著

丸の内、後楽園、お台場、銀座、吉原……。地名の由来を知れば、人々の生活や時代が見えてくる。100万都市・江戸の町づくりを探る。

定価 本体七二四円（税別）